Reinhard Rosenke

Meine Wanderung von Zittau nach Rumänien

Sudeten   Beskiden   Karpaten

München 2011

FSC
www.fsc.org
MIX
Papier aus ver-
antwortungsvollen
Quellen
Paper from
responsible sources
FSC® C105338

Bibliografische Information der Deutschen Nationalbibliothek:
Die Deutsche Nationalbibliothek verzeichnet diese Publikation in der
Deutschen Nationalbibliografie; detaillierte bibliografische Daten sind im
Internet über http://dnb.d-nb.de abrufbar.

Herstellung und Verlag: BoD- Books on Demand
Norderstedt
3. verbesserte Auflage 2019

Inhalt

Die Sudeten...5

   Der erste Tag...5

   Im Isergebirge...7

   Auf die Schneekoppe..11

   Körpersorgen..14

   Der Ton der Bienen...15

   Mit Rübezahl unterwegs..16

   Waldsteppe und Steppenwolf..17

   Hier hat der Hund das Sagen..19

   Im Braunauer Ländchen...20

   Der Romantiker...22

   Mützenkoller..25

   Der lange Weg..27

   Preußisches Schicksal..28

   Nächtliches Leuchtfeuer..30

Die Beskiden...32

   Zur slowakischen Grenze...32

   Meine peinliche Geschichte..35

   „Gott erhalte Franz, den Kaiser"...36

   Hinter Bumbalka beginnen die Beskiden.................................37

   Die Niedere Tatra lockt...39

   Auf dem Kamm...40

   Aus dem Leben eines Taugenichts...42

   Vorsicht Schutzhütte...44

   Von Quelle zu Quelle..46

   Schutzhütte Andrejcova...48

   Im Slowenischen Paradies..49

   Schwierig ist das Zigeunerleben...51

   In der Hohen Tatra..52

Die Karpaten..56

   Transkarpatien..56

   In Ushgorod..58

   In die Waldkarpaten..60

   Yaremcha..62

   Der „heilige Berg"...64

   Im Huzulenland...66

   Zur rumänischen Grenze..68

   Sighetu...69

   In den Ostkarpaten...70

   Zur Statia Meteorologica...71

   Alles Glück der Erde...74

Ausklang..75

   Gheorgheni und die letzte Tour...75

   Ein bisschen „Dracula"..77

   Brasov - Kronstadt..80

   Bukarest...81

Die Sudeten

Der erste Tag

Der 16. Juni schickt sich an, die Serie sonniger und heißer Tage fortzusetzen. Ich hocke in den Startlöchern, meine große Fußtour soll heute losgehen. Da mein Zug nach Zittau von Berlin-Südkreuz schon gegen 6 Uhr abdampfen wird, umgibt mich jetzt auf meinem Weg zum Bahnhof noch die Frische des frühen Morgens. Im Zugabteil erfasst mich beim Hochstemmen des Rucksacks in Richtung Gepäcknetz von neuem der Gedanke, der sich einnistete, seit ich meiner Wohnung den Rücken gekehrt und die tausend Meter zur S-Bahn gelaufen war: Diese Last ist eine Strafe! Sie wird mich quälen, mich zum Kuli machen, mir das Laufabenteuer der kommenden sieben Wochen vermiesen.

Gestern Abend bescheinigte die Digitalwaage meinem gepackten Rucksack 15,5 Kilo. Meine liebe Nachbarin Hertha, 80jährig, „...hohes, hartes Friesengewächs...", kam diesmal nicht mit dem Akkordeon für ein Abschiedslied, nein, sie wollte wissen, was „der Jung" für die kommenden zwei Monate auf dem Buckel tragen würde. Als sie auf meine Einladung hin den Packen anheben wollte, kam nur ein stöhnendes „oh Gott!" von ihren Lippen. Allerdings hatte ich ein großes Fresspaket hineingepresst - nichts sollte im Müllbeutel landen - und einen Liter Wasser in der Flasche. Fürchterlich! Bildlich gesehen drücken mir gut 15 große Getränkeflaschen auf die Wirbel.

Im Zug sitzt mir ein älteres Ehepaar gegenüber. Leider war ich so hilfsbereit, ihnen zu Beginn der Reise die Koffer ins Gepäcknetz zu befördern. Das ist dem Mann Anreiz genug, mich auf der weiteren Strecke mit seiner nicht endenwollenden Geschwätzigkeit zu belästigen. Da das Paar aus der Lausitzer Gegend stammt, erzählt mir der ehemalige DDR-Bürger ödes Zeug über Züge, Zugzeiten, Strecken, Bahnhöfe, über miese Polen und betrügerische Tschechen zu guten DDR-Zeiten. Nur Geschwafel, Gebrabbel. Wenn ich auch mal zu Worte komme, in der Hoffnung, etwas tiefer in früheren Zeiten zu bohren, ihm etwas Kritisch-Zeitbezogenes aus der Nase zu kitzeln, sagt er immer nur:„Ja, ja, ja, ja, ja, ja, ja, ja, ja – immer wieder diese vielen „Ja", wie geistesabwesend. Beide steigen vor mir aus. Ich kann mich endlich ein wenig sammeln, meiner inneren Anspannung nachspüren, versuchen, mich über mein Vorhaben zu freuen.

Bahnhof Zittau. Erst mal - latsch latsch - ins Zentrum! Am Marktplatz der schönen Zittauer Altstadt ist es schon brütend heiß. Vielleicht rede ich mir den Rucksack schwerer als er ist? Mich zieht es in den schattigen Winkel eines Straßencafés. Bloß nicht gleich losstürmen! Zum Kännchen Kaffee mache ich mich an die Gewichtsreduzierung, sprich: Vertilgung von Stullen, Äpfeln und gekochten Eiern. Ohne Durst trinke ich die lauwarme Hälfte meines Wassers und betrachte das gemütliche Treiben ringsumher. Ein gewaltiger, noch junger Fettberg mit roten Haaren und rot angelaufenem Gesicht, den ich nach dem Weg zur Grenze frage, sagt: „Lieber fahren! Rot!" Verstehe ich nicht. Schweißnass schreite ich ohne Elan mit schwerem Bauch und erleichtertem Rucksack in Richtung deutsch-tschechische Grenze.

Zur Grundausstattung für meine lange Tour gehören ein Biwaksack, ein dünner Daunenschlafsack, eine Iso-Matte. So kann ich im Ernstfall draußen übernachten. Wer bei tropischer Hitze loszieht, muss beim Packen soviel Phantasie entwickeln, sich das Kraxeln oder Biwakieren auch bei Bergeskühle, Nässe, Nebel, Regen und Hagel vorstellen zu können. So suchte ich in den zurück-liegenden Tagen miesgrämig das entsprechende Zeug zusammen. Was für ein Packen!

Bei kalten Abenden und Nächten im Freien braucht der Körper einen Tee oder ein heißes Süppchen. Ein Feuer wäre schnell entfacht, aber ich bin in Mitteleuropa, die Wälder sind knochentrocken und hohe Geldstrafen drohen. Also, hinein in den Rucksackschlund mit dem ersten Kocher meines Lebens und einem Packen Espit-Tabletten, dazu Töpfchen und Teekesselchen, Brühwürfel, ein paar Suppen!

Nach des Tages Arbeit freut man sich auf frische, bequeme Freizeitkleidung. Ich lege Hose, Hemd, leichte Weste, Unterwäsche und Socken zusammen. Schlafanzug ist nicht drin, das übernehmen Unterhose und T-Shirt. Das Hygienetäschchen umfasst kleine Nagelschere, Zahnzeug, Rasierschaber und eine mittelgroße Nivea-Dose. Als Gesichtssonnenschutz wähle ich einen Lippen-Sonnenschutz-Stift. Shampoo, gleichermaßen einsatzfähig für Körper- und Haarreinigung, als Rasierseife und Waschmittel erhoffe ich mir als Zugabe in den kleinen Hotels. Ein kleines Erste-Hilfe-Päckchen enthält verschiedene Pflaster, Verbände, einige Aspirintabletten und die kleinen „Neukönigsförder-Mineraltabletten".

Wichtig, wenn auch mit beachtlichem Gewicht, sind mir das Mal-Tagebuch nebst kleinem Aquarellkasten. Ein schwerer Posten ergibt sich aus den Wanderkarten (Maßstab 1:40.000 bis 1:60.000), den Übersichtskarten, den aus vier Reiseführern (Tschechien, Slowakei, Ukraine, Rumänien) herausgetrennten speziellen Informationen und den Wortschatzteilen. Fotoapparat, Kompass und Taschenmesser hängen am Gürtel. Das vorab im Werte von je 200 Euro pro Land eingetauschte Geld steckt, nebst Pass, in den Seitentaschen der Hosenbeine. Für lange, einsame Abende begleitet mich mein handtellergroßes Taschenradio.

Die Sonne steht senkrecht über mir, keine gute Zeit zum Loswandern. Die Oberlausitzer Grenzstadt Zittau ist wendischen Ursprungs und trug einmal den Namen Chytawa. Sie galt lange Zeit als Eisenbahnknotenpunkt nach Görlitz, Prag und Wien und war bekannt als Hauptstadt der sächsischen Damast- und Leinwandindustrie. Zittau lag schon vor über hundert Jahren im Einflussgebiet großer Braunkohlegruben.

Vorbei an den verlassenen Kontroll- und Zollbuden der deutsch-tschechischen Grenze aus Vorwendezeiten folge ich einer alten Eichenallee. Laut Karte heißt das hügelige Land hier noch Lausitzer Gebirge. Auf den ersten Kilometern experimentiere ich mit meinem Schritttempo und mit der richtigen Einstellung der Schulter-, Brust- und Hüftgurte. Wie liegt der Rucksack am besten? Wie kann ich das Gewicht gleichmäßig auf Schultern, Hüften und Brust verteilen?

Hinter Hradek, Grabsteyn und Chotyne leitet mich am frühen Abend ein schöner Waldweg in das Städtchen Chrastava, direkt an der Neiße. Ich muss nicht lange suchen, denn am zentralen Platz lädt mich ein kleines Appartement-Hotel mit Restaurant zum Bleiben ein. Ich bekomme eine holzverkleidete Unterkunft mit Holzstiege zum Schlafraum.

Die im Freien verzehrte Pizza schmeckt nach den ersten 25 Kilometern meiner großen Wanderung wunderbar. Voller Wohlgefühl studiere ich noch ein bisschen meinen Weg für morgen, schreibe Tagebuch und habe die ganze Zeit das Schwatzen, Lachen und Kichern dreier jüngerer Frauen im Ohr, die ebenfalls an dem langen Tisch sitzen. Ich glaube, sie reden alle gleichzeitig, jede ihren Monolog, aber jede besitzt offenbar die Fähigkeit, zugleich den anderen beiden zuzuhören. Und nicht nur das - sie müssen nebenbei auch noch beißen, kauen und schlucken! Ich bin beeindruckt, aber voller Sympathie, denn sie sehen nett aus und sind so fröhlich.

Warum ich diese Szene überhaupt erwähne? Weil ich einen längeren Moment ihres Schweigens erleben durfte. Ein Schweigen, das mir galt und mir deshalb äußerst peinlich war. Denn als ich mich nach dem Bezahlen erheben und mein Appartement aufsuchen wollte, funktionierte zunächst weder das eine, noch das andere: Schenkel und Waden schmerzten dermaßen, dass ich stöhnen musste. Die Muskulatur war hart wie Stein. Mich wieder hinsetzen? Lieber nicht - die könnten mir noch Hilfe anbieten... Bei jedem Humpelschritt befürchtete ich einen Faserriss. Ich entfernte mich mit schmerzverzerrtem Gesicht, an der Hauswand entlang tastend, von der in mitleidiges Schweigen verharrenden Frauengesellschaft.

Ausgerechnet ich, der Beinmensch, der nimmermüde Läufer und Radfahrer, biete ein Elendsbild, das selbst die muntersten Frauen verstummen lässt! So wird der kurze Weg in mein Appartement unerträglich lang. Niedergeschlagen sitze ich im Sessel und versuche, meinen Zustand zu verstehen. Es schmerzt wie Muskelkater hoch drei. Was tun? Die Muskeln müssen gelockert werden! Stundenlang beschäftige ich mich mit einem Wechsel von heißer Dusche, Massage und Teetrinken, bis weit in die Nacht. Morgens setze ich die Prozedur fort, denn sie hatte geholfen. Die Verursacher des Übels, 25 Wanderkilometer plus Rucksacklast, kann ich nicht ausklammern, denn sie sind immerhin vorerst die ureigenen Bestandteile meiner tagtäglichen Beschäftigung. Mir bleibt nur die Hoffnung, dass der zweite Wandertag ohne weitere Komplikationen verläuft.

Im Isergebirge

Mein erstes großes Ziel liegt in östlicher Richtung. Bergstrecken im Voraus abzuschätzen, das merke ich sehr bald, ist schwierig. Nicht jede Windung eines Weges oder Pfades ist auf der Wanderkarte sichtbar. Entscheidend ist der Schwierigkeitsgrad der Strecke. Ich kann vorher nicht einfach ein durchschnittliches Marschtempo festlegen, wie es im Flachland möglich wäre. So versuche ich, zeitlich großzügig zu überschlagen – na, wie lange werde ich wohl brauchen?

Die schmerzhafte „Muskelstarre" von gestern abend, der erträgliche Muskel-kater heute früh - nach den ersten Wanderkilometern ist und bleibt beides nichts weiter als eine Episode. Der Körper hat kapiert, was läuft. Meine Wan-derroute habe ich so festgelegt, dass ich abends möglichst in einem Ort mit Ho-tel ankomme (Symbol H auf der Karte). Mir zur Seite habe ich einen Wander-stock aus Haselholz, den ich 1988 abgeschnitten und mit Schnitzereien verziert hatte. Seitdem hing er im Keller. Zufällig geriet er in mein Blickfeld. Vielleicht gibt er mir im schwierigen Gelände mehr Trittsicherheit, vielleicht schreckt er auch angriffslustige Hunde ab.

Meine „Gebeine" waren bislang zu 90 Prozent auf Joggen eingestellt, Wochen-pensum 60-70 Kilometer. Beim Wandern dagegen fehlt mir die Regel-mäßig-keit. Ich nehme Wanderangebote von Freunden gerne an. Es macht Spaß, auf märkischen Sandwegen zu laufen, besonders, wenn ein Ziel lockt, welches für mich zugleich eine Entdeckung bedeutet. Das Aufspüren des Grabsteins von Louis Fontane (1796-1867), des Vaters von Theodor Fontane (1819-1898), im ein-samen, malerischen Oderland ist da nur ein Beispiel von vielen. Die Kombination von Landschaft und kulturgeschichtlichen Bonbons ergibt für mich die ideale Wandertour.

Ganz anders verhält es sich mit der vor mir liegenden, auf sieben Wochen ge-planten Strecke. Plötzlich war sie da, die Idee: Ich will mal ausgiebig wandern, eine Bergwanderung, grenzenlos weit! Das „Weite" hat nichts mit einer beson-deren Leistung, gar einem „Rekord" zu tun. „Weite" bedeutet mir die Grenzen-losigkeit, die Freiheit des Ungebundenseins und die Freiheit, die mir mein ge-sunder Körper für physische Herausforderungen gestattet. Beim Blättern im Atlas blieb mein Auge an einem großen, braunen Haken hängen, einem Ge-birgszug, der Deutschland berührt, sich am polnisch-tschechischen Grenzge-biet entlang zieht, den slowakischen Norden prägt, sich durch ein westliches Stück Ukraine bis nach Rumänien hinein schiebt, um sich dort zuerst ostwärts und später gen Westen krümmt. Das sind, grob eingeteilt, die Sudeten, die Bes-kiden, die Waldkarpaten und die Karpaten. Der Reiz, den ein solch bemerkens-werter Gebirgszug mit seiner geographischen Lage auf mich ausübt, wird durch die politische Landkarte verstärkt. Was hat sich in diesem Schmelztiegel der Völker nicht alles abgespielt!

Die von Reiseführern gepriesenen „Highlights", die nicht unmittelbar an mei-nem Weg liegen, werde ich nicht ansteuern, um mich nicht zu verzetteln. Im Mittelpunkt steht das Erleben der Landschaft. Grob überschlagen, liegen vor mir mehr als 1500 Kilometer. Stark besiedelte Täler, die bevölkerungs-reiche Ebene der Mährischen Pforte und Gebiete, für die ich keine Wanderkarten be-kommen konnte, werde ich per Bus und Bahn überbrücken.

Befinde ich mich noch im Lausitzer Gebirge? Leider wähle ich an einer Wegga-bel den falschen Weg und stoße bald auf die Autobahn nach Liberec (Reichen-berg). Der Weg hört auf. Parallel zum tosenden Autostrom schlage ich mich durch Gestrüpp, Morast und Brennnesselfelder. Endlich fällt das Gelände ab, ich folge einem Fahrweg. Kurz vor Liberec verwursteln sich Wege, Straßen, Industriegebiete, Eisenbahnbrücken und Flussbrücken zu einem unübersichtlichen Wirrwarr. Eine Tankstelle winkt mit grellem Outfit. Reichlich ausgetrocknet, finde ich dort „Speis und Trank", außerdem Informationen zu meiner weiteren Strecke.

Bis Bedrichov (Friedrichswald) windet sich die ruhige Straße auf 860 Meter hoch, und mein Atem geht ordentlich in die Tiefe. Hier sind wir schon im Isergebirge. Nach einer Rast merke ich etwas später, dass ich den Brustriemen nicht festgezurrt habe. Nanu, da fehlt etwas: das Befestigungsteil für die rechte Seite! Ein kleines, schwarzes Plastikteilchen. Nichts wie zurück und suchen! Ich finde es dort, wo ich es gar nicht vermutet hatte und kann es wieder in seine Schiene einfädeln. Das dürfte nicht passieren! Denn durch diesen Gurt übernimmt auch die Brustmuskulatur eine tragende Aufgabe, entlastet Rücken und Hüfte.

Zwei Kilometer vor Bedrichov lädt mich ein junger Handwerker zum Mitfahren ein. Er macht mich sogleich mit dem Gruß „Ahoi" bekannt. Mit „Ahoi" grüßt man sich in Tschechien und in der Slowakei, allerdings mehr unter Leuten, die sich kennen oder mit denen man einen persönlichen Umgang haben möchte. Die kurze Strecke reicht gerade mal aus, dass er mir auf englisch von seinen tausend Kilometern auf dem „Jakobsweg" vor zwei Jahren erzählen kann. Ich lobe ihn, aber da sind schon die ersten Pensionen sichtbar! Ich muss aussteigen und wähle in diesem Straßendorf gleich eine „Penzion" an der Straße. Der Wirt begrüßt mich auf „bemmisch". Das Flair des gemütlichen Hauses erinnert mich an Bayern.

Eine Wandergruppe aus Frankfurt/Oder, nette Leute, die seit dreißig Jahren regelmäßig ihren Skiurlaub hier verbringen, leitet ihr Essen mit einer Knoblauchsuppe ein. Knoblauchsuppe ist, wie man mir sagt, in dieser Region sehr populär. So schlürfe auch ich davon und sättige mich weiterhin mit Klößen und Gulasch. Die Klöße sehen aus wie Weißbrotscheiben. Der Wirt ist neugierig, möchte wissen, wohin mich meine Tour führen wird. Was ich ihm vorstelle, veranlasst ihn zu einer allgemeinen Warnung vor den Ländern Ukraine und Rumänien. „Dort werden öfter Leute ausgeraubt! Es gab auch Morde! Vor allem bei den Zigeunern muss man aufpassen!"

Meine Reiselektüre *Spaziergang nach Syrakus im Jahre 1802* des in Sachsen 1763 geborenen und in Böhmen 1810 gestorbenen Johann Gottfried Seume enthält, wie ich mit Vergnügen und Spannung nach und nach lese, alle Aspekte eines langen Fußmarsches, die einem auch heute begegnen können. Hin und wieder möchte ich aus diesem bedeutenden Reiseklassiker des 19. Jahrhunderts ein paar passende Sätzchen zitieren. So auch zu dem oben angesprochenen Angstthema:

> Unsere guten Freunde jagen uns hier Angst ein, dass rund umher in der Gegend Räuber und Mörder streifen... Ich gehe getrost vorwärts und verlasse mich etwas auf einen guten, schwerbezwingten Knotenstock, mit dem ich tüchtig schlagen und noch einige Zoll in die Rippen stoßen kann...

Habe nicht auch ich einen guten Stock dabei?

Dichter Regen verzögert am nächsten Morgen meinen Abmarsch. Für Übernachtung, Abendessen, zwei große Biere und Frühstücksbuffet bezahle ich 710 Kronen, der Wirt lässt sich lieber 30 € geben. Warten liegt mir nicht. Raus in den Regen, auf nach Jizerka (Klein Iser)! Ich freue mich auf die Waldpfade und sehe diesen Tag als ersten richtigen Bergtag an. Fein und mild sprüht es vom Himmel, ich laufe in einer Wolke. In beständigem Auf und Ab gewinne ich an Höhe. Eine gelbe Markierung leitet mich. So kann ich mich in diesem Waschküchen-Dämmerlicht auf Wurzeln und Steine konzentrieren. Wie gelackt schimmern die nassen Fichtenstämme. Ihr Nadeldach hängt dunkel, schwer und tropfend über mir. Das Rauschen kleiner Bäche ist allgegenwärtig.

Nach einiger Zeit beginnt mein rechter Fußballen zu schmerzen. Das steigert sich zu einem brennenden, stechenden Dauerschmerz. Als würde ich über glühende Kohlen gehen. Ein Schmerz, der mir von meinem 100-Kilometer-Nacht-Lauf in Biel 1996 noch in Erinnerung ist. So kann man nicht gehen, geschweige denn rennen. Damals massierte ich den Fuß und schnürte den Schuh lockerer. Danach lief es (ich) reibungslos. Sollten meine neuen Bergschuhe trotz gründlicher Prüfung und fachmännischer Beratung zu eng sein? Meine Füße sind breit, orthopädisch gesehen ist das Fußgebäude aber für gut befunden worden.

Das Brennen veranlasst mich, die Zehen in ihrem Gefängnis zu bewegen. Das hilft kurzfristig. Außerdem bekommt meinen Füßen steiniger, unebener Grund besser als glatte Wegstücke, weil sich damit der Belastungsdruck geringfügig verändert. Das Problem muss angegangen werden. Ich setze mich auf einen nassen Stein und ziehe die Schuhe aus. Wie gut das tut, eine Befreiung! Die dicken Socken tausche ich gegen dünnere. Das Schuhwerk schnüre ich so, dass die untere Fußpartie mehr Raum hat, während der Knöchel fest umspannt ist.

Die Nässe lädt nicht zum Rasten ein. In großen Pfützen tummeln sich Scharen von Kammmolchen. Die habe ich seit meiner Kindheit nicht mehr gesehen. Je höher ich steige, desto geringer ist die Sicht. Nebel wallt - mal stärker, mal schwächer. Jizerka gibt es nicht nur als Ort, sondern auch als 1122 Meter hohen Berg. Ich strebe seinem Gipfel zu. Steiler, steiniger, ausgewaschener wird der Weg. Immer hartnäckiger und unwilliger denke ich an meine 15-Kilo-Last. Was kann ich aussondern? Ohne Pause überschreite ich den geahnten Jizerka-Gipfel, denn zu sehen ist nur Wasser: als Dampf, als Regenschleier und als Pfützengewässer. Kälte durchschauert mich in meinen von Schweiß und Regen durchgenässten Sachen. Ich eile bergab, erhoffe mir Wärme durch Bewegung.

Das Örtchen Jizerka liegt auf einer kahlen Hochebene. Scheinbar ungeordnet verteilen sich die Anwesen, die im Winter alle vom Wintersport leben: Bauden, Pensionen, Hotels. Ein Teil hat geschlossen, einige sind übers Wochenende ausgebucht. Schon mache ich mir Sorgen um eine Bleibe. Ich betrete das Gastzimmer einer ganz aus Holz gebauten Baude. Zwei junge Mädchen, eine am Computer, die andere hinter der Theke, grüßen so verhalten zurück, dass meine Hoffnung schwindet. Aber ich kann bleiben, bin der einzige im 6-Bettenzimmer. Hier kann ich warm duschen, habe eine warme Heizung im Zimmer. Nach dem servierten Sauerkrautgulasch bin ich restlos zufrieden mit dem Tag.

Beim Samstagfrühstück tauchen die Mädels gar nicht erst auf, sie haben alles zum Selbstbedienen vorbereitet. Aha, ich bin nicht der einzige Gast! Ein Pärchen setzt sich ohne Gruß an den Nachbartisch und spielt Karten. Beide sind dick, er mit einem schmalzigen Pferdeschwanz, Nickelbrille und Ziegenbart. Etwas später erscheinen noch zwei junge Paare, wieder ohne Gruß. Die hübsche Blondine ist gegenüber ihrem freundlich-verbindlichen Freund unsagbar eisig, starrt, ohne zu frühstücken, ohne ein Wort zu sprechen, bewegungslos auf einen Punkt. Der schwarzhaarige, ungekämmte Strubbelkopf des anderen Paares und seine zigeunerhaft in bunte Tücher gehüllte Begleiterin wechseln vom Kaffee zur bibbernd vor der Tür gerauchten Zigarette und wieder zurück zum Kaffee. Was führt diese sechs jungen Menschen hier herauf, in Gottes schöne Natur?

Kein Regen! - die Sonne setzt sich durch. Fröhlich, mehr abwärts als aufwärts, laufe ich bis Harachov, wo ich um die Mittagszeit eine Pizza verdrücke. Den Nebentisch teilt sich ein junges Paar mit Baby und ein altes. Oma und Opa beteiligen sich nicht am Gespräch, schauen wie weltentrückt dem süßen Enkelkind zu. Selbst ich vergesse das Kauen beim Anblick dieses winzigen, ungewöhnlich niedlichen, marzipanartigen Menschenwunders, das von der Mama gefüttert wird.

Mein Tagesziel ist Spindleruf Mlyn (Spindlermühle). Nach rund 25 Kilometern verlockt mich noch vor dem vermeintlichen Touristenzentrum ein beschauliches, kleines Hotel zur Einkehr. Ich bin einziger Gast. Der Wirt in rotem Overall und mit einem Beil in der Hand begrüßt mich freundlich, spricht sogar einige Worte deutsch und englisch. Ich bekomme ein hübsches Zimmer und ein makelloses Mittagessen. Ich kann mich mit dem Rucksackgewicht einfach nicht abfinden. Der Ärger darüber nagt in mir. In den Abendstunden schreite ich zur Tat. Aus dem untersten Rucksackfach zerre ich das Paar Joggingschuhe. Es war für die Feierabende gedacht. „Tut mir leid, ihr müsst hierbleiben." Der auf kühle Abende im Freien gemünzte Espit-Kocher, der ganze übrige Küchenkram? Weg damit!

Fazit: Schuhe und „Küche" wiegen gut zwei Kilo. Belasse ich es außerdem angesichts der überall glucksenden Bäche bei der kleineren Wasserflasche (¾ l), dann bin ich einerseits körperlich, andererseits - was viel mehr zählt - gedanklich im Lot. Im Laufe der Zeit wird das Gewicht weiter abgebaut werden, denn der so viel wie ein dickes Buch wiegende Wust an Karten und Informationsmaterial wird, ist er einmal„abgewandert", schnell im Papierkorb landen. Das „Buch" wird stetig dünner werden. Die liebe Seele hat endlich Ruh. Ich überreiche am Sonntagmorgen dem Wirt die ausgesonderten, nagelneuen Dinge. Darüber staunt er, freut sich und haut mir gleich fröhlich zwei Eier in die Pfanne.

Auf die Schneekoppe

Spindlermühle ist ein klassischer Wintersport-Ort mit kleinen und großen Hotels, Parkanlagen, riesigen Bauden und schmückender Architektur des 19. Jahrhunderts. Nicht allzu weit wird die Elbe (Labe) geboren, sprudelt hier aber schon als respektables Gebirgsflüsschen unter der Brücke hindurch. Eine Weile verunzieren noch Liftanlagen, breite Schneisen und Massenunterkünfte meinen Weg, aber ab 9 Uhr heißt die Devise: bis Mittag zur Schneekoppe! Der Weg wird zunehmend steiniger und steiler, die Bäume verlieren an Größe, Lichtungen und Ausblicke tun sich auf. Von der polnischen (schlesischen) Seite her soll das Riesengebirge wie eine steile Mauer wirken. Da kann man meinen Aufstieg wohl als Schongang bezeichnen? Mir reicht's auch so. Der erleichterte Rucksack ist nun nicht mehr mein Spielverderber, nein, er ist ab heute mein Kumpel. So zieht es sich durch unser ganzes Leben: Wir berühren Grenzwerte, deren Über- oder Unterschreitung auf uns eine neue Qualität und ein neues Handeln bewirken.

Die Landschaft ähnelt inzwischen einer endlos weiten, bergigen Tundra, von kleinen Schneefeldern weiß getüpfelt. Nach einem Dreistundenmarsch freue ich mich auf die Rast in der Lucni bouda (Wiesenbaude), einem großen, alten Holzbau mit Tradition. Der Speisesaal ist am heutigen Sonntag gut mit einem durchweg angenehmen Wanderpublikum gefüllt. Ich mixe mir ein „Radler" aus Bier und *Fanta*. Soll ich die Schneekoppe besteigen und hier übernachten, oder soll ich nach der Besteigung bis Pomezni Boudy durchlaufen? Ich entscheide mich für's Weiterlaufen. Die Schneekoppe (Snezka, 1603 m) erscheint wie aufgesetzt, zum Greifen nahe und wird von Wolken umlagert. 230 Meter erhebt sich der granitene Felskegel über den „Koppenplan". Die Chance für einen freien Blick von oben ist für die nächsten Stunden gegeben, und meine Vorfreude schiebt mich voran.

Ameisenhaft bewegt sich eine Menschenkette bergan. Die meisten davon tragen nur kleine Rucksäcke. Viele klettern den steilen Pfad direkt nach oben, andere benutzen den Fahrweg, der sich als Serpentine hoch windet. Ich bevorzuge es gemütlich, kann dabei, ohne auf den Weg zu achten, weit in die blauviolette Ferne schauen. Oben habe ich Glück zu dieser Nachmittagsstunde! Von 100 Kilometern Fernsicht berichtete man früher. Heutzutage muss man sich mit kürzeren Distanzen zufrieden geben, aber ich finde ohnehin keine markanten Punkte, die mich fesseln könnten. Nicht weit, etwa zwei Kilometer nördlich, liegt das Städtchen Karpacz (Krummhübel), mir namentlich bekannt durch das „Haus Nesthäkchen". Die Villa gehörte der erfolgreichen Autorin Else Ury (1877-1943). Mit ihren Backfischromanen von „Nesthäkchen" begei-sterte sie über Jahrzehnte hinweg Millionen von Mädchen. Natürlich stoppten die Nazis den weiteren Druck und Verkauf. Ihr geliebtes Haus, das noch immer in Karpacz steht, musste sie 1938 laut „Verordnung über den Einsatz jüdischen Vermögens" vom 3.12.1938 zwangsverkaufen. Im selben Jahr war sie sogar noch zu Besuch bei ihrem Neffen in London. Wäre sie bloß dort geblieben! Die Jüdin Else Ury wurde in Auschwitz ermordet.

10 Kilometer weiter, in gleicher Richtung , breiten sich die Häuser von Jelenia Gora (Hirschberg) aus, und im Osten erhebt sich die Kleine Koppe (1400 m). Der Riesengebirgskamm bildete bis zum Zusammenbruch der Habsburger Monarchie am Ende des Ersten Weltkrieges die Grenze zwischen Böhmen und

dem einst vom jungen Friedrich dem Großen der Kaiserin Maria Theresia geraubten Schlesien. Auf böhmischer Seite des Gipfels stand eine katholische Kapelle, auf schlesischer (preußischer) Seite eine protestantische. Wichtiger als das Beten war aber sicherlich, dass man hier oben, egal ob Katholik oder Protestant, seinen Durst löschen konnte. Die Geschichte des Riesengebirges ist voller Geschichten über Schmuggler (Pascher), die schwer bepackt ihr Schmuggelgut auf geheimen Paschersteigen über die Grenze brachten.

Zu dieser Stunde, nach ausgiebigem Schauen und einigen Fotos bin ich weit entfernt von den romantischen Empfindungen der Menschen, von denen einige vor 200 Jahren von der Einsamkeit und Erhabenheit der Natur so sehr beeindruckt waren. Goethe schrieb, als er 1790 auf der Schneekoppe stand:

In der Dämmrung des Morgens den höchsten Gipfel erklimmen
Frühe den Boten des Tages grüßen/Dich, freundlicher Stern!

Kleist vermerkte nach der Bergbesteigung:

Leuchtend schreibet der Gott seinen Namen dahin.

Und am 10. Juli 1810 hat sich der Maler der Romantik, Caspar David Friedrich, als *Landschaftsmaler aus Greifswald in Schwedisch Pommern...* ins Gipfelbuch eingetragen. Von ihm existieren mehrere Riesengebirgs-Bilder. Sein *Das Kreuz im Riesengebirge* ist, wie fast alle seiner Kunstwerke, romantisch konstruiert und sehr eindrucksvoll. Fast ist es ein religiöses Bild. Einen frühen, rosa überhauchten kalten Morgen gibt der Künstler in dem Bild *Riesengebirgslandschaft* wieder. Schaut man es länger an, so könnte man angesichts der Kälte des aus den Tälern aufsteigenden Nebels, aber auch der Erhabenheit der kahlen, bis zur Schneekoppe sich hoch windenden Bergrücken erstarren. Ganz vorne in des Betrachters Nähe kontrastieren dunkles Felsgestein und knorrige, kahle Baumsilhouetten als Rest der Nacht mit dem neugeborenen Tag... Nun aber schnell zurück zur Gegenwart! Es gelingt mir hier in 1602 Metern Höhe kein Spagat vom Hier

Auf der Schneekoppe

und Jetzt zurück in die Romantik. Der moderne Hotelbau, als Doppelrondell angelegt, glänzt und glitzert im Sonnenschein, die Gipfelfläche ist von fotografierenden Menschen belebt.

Mich hält es nicht länger als zehn Minuten, und schon steige ich bergab. Ein ausgeprägter, schmaler Pfad durch Latschenkiefergestrüpp und dem Binsengras des Hochmoores bringt mich genau in östliche Richtung. Manchmal dienen Holzbohlen zum Durchqueren morastiger Stellen. Das Laufen, nun wieder allein auf weiter Flur, mit der großartigen Sicht und leichtem Gefälle, ist wunderbar. Zwei Stunden später bin ich in Mala Upa und der beleibte Gastwirt des schmucken, kleinen Hotels *Bouda Mala Upa* meint zu meinem Entschluss, hier zu übernachten: „Nu, das ist schejn."

Körpersorgen

Die Wetterunbeständigkeit hat sich davon gemacht. Morgens kitzelt schon früh die Sonne meine Nase. Fenster auf, herein mit der frischen Sommerluft! Über Dächern, Wipfeln und Höhenlinien breitet sich gleichmäßiges, allerhellstes Blau. Da hüpft mein Herz vor Lust und Freude. Ich kann sorglos gehen, ohne Wettersorgen, ohne Körpersorgen und in der Gewissheit, eine schöne Wegstrecke vor mir zu haben. Ohne Körpersorgen ? Zwei Wochen vor meinem Start gab es, wie ich meinte, körperlich unvermeidbare schwere Tätigkeiten zu verrichten, etwa im Garten oder der Austausch eines alten 30-Kilo-Außenbordmotors auf meinem schwankenden Segelboot gegen einen neuen. Beide Motoren musste ich auf schwankenden Planken über die volle Bootslänge zum Bug und auf den Steg, bzw. in umgekehrte Richtung bugsieren. Nicht gerade rückenfreundlich. Wellenartig spürte ich in der Folgezeit leichte Rückenschmerzen.

Mein Rücken, genauer, meine Wirbelsäule, war vor zwölf Jahren schon mal einem Chirurgenmesser ausgeliefert gewesen. Zwölf Monate später konnte ich unter gewissen Vorsichtsregeln wieder alles tun, wobei mir besonders der Langlauf am Herzen lag. Fünf Wochen vor dem längst schon bezahlten „New York-Marathon 2007" hatte mich plötzlich wieder der Rückenschmerz in seiner Gewalt. Auf dem Vorbereitungsseminar fragte ich, noch immer schmerzgeplagt, einen vortragenden namhaften Orthopäden um Rat. Der musterte mich, ließ mich auf sich zu gehen und sagte: „Laufen Sie! Laufen Sie durch den Schmerz hindurch!" Das klang wie „Freispruch", war Verheißung in meinen Ohren. Noch am gleichen Nachmittag lief ich in den schwäbischen Weinbergen zwei Stunden hintereinander, zuerst innerlich stöhnend und schneckenlangsam, dann immer befreiter, lockerer und mutiger. Am Schluss waren die Schmerzen verflogen. Es blieben mir noch drei Wochen behutsamen Trainings.

Unter den vielen Marathonläufen zähle ich meinen New York-Marathon, vor dem ich wegen meines Handicaps am meisten Schiss hatte, kurioserweise zu den leichtesten. Warum? Ich war auf das Schlimmste vorbereitet gewesen, bin deshalb langsam gelaufen, war locker und unverkrampft, verwandelte den Lauf mental in eine Sight-Seeing-Tour, die ich fotografisch begleitete, und als sich der Rücken brav verhielt, kam in mir eine regelrecht euphorische Stimmung auf.

Nach einer Rückenkrise sitzt mir immer etwas Angst im Nacken. Ich kam zu der Erkenntnis, dass das Hoffen auf eine unbeschwerte Zeit sinnlos ist, wenn ich diese Hoffnung nicht mit der Tat verbinde. Aus einer Mischung von Yoga, Gymnastik und isometrischen Übungen bastelte ich mir eine 30-Minuten-Morgen-Kür zusammen. Der innere Schweinehund - „...keine Lust..." - stellt sich zwar regelmäßig ein, doch mir fallen keine Ausreden ein. Zeit ist vorhanden, und der Körper ist danach gut auf den anschließenden Morgenlauf vorbereitet. Jetzt, auf wochenlanger Tour, hätte ich die schöne Ausrede: Du bewegst dich den ganzen Tag, da ist Gymnastik überflüssig. Doch ich will mein Vorhaben nicht an (vielleicht) körperlichen Schwierigkeiten (Schwachpunkt: Rücken) scheitern lassen. Also hopp! Stärke deine Bauch- und Rückenmuskulatur! Spanne und entspanne dich! Dehne dich!

Der Ton der Bienen

Immer in tschechisch-polnischer Grenznähe muss ich heute aufmerksam auf mein weiß-rot-weißes Wanderzeichen achten. Ach, die Waldesstille! Gibt es die überhaupt? Ja. Kein von Menschen verursachtes Geräusch dringt an meine Ohren, kein Bächlein murmelt, kein Windhauch raschelt in den Blättern. Sogar die Vögel schweigen. Und doch schwingt ein Ton in der Luft. Ein ätherischer, die ganze Natur umfassender Ton. Tausende, gar Hunderttausende von Bienen verursachen hoch über den Baumwipfeln mit dem rasend schnellen Wirbeln ihrer Flügelchen den beherrschenden, in seiner Lautstärke gleich bleibenden Dauerton. Es erinnert mich unpassender Weise an den Ton der „Tröten", die zurzeit in den südafrikanischen Fußballstadien den Europäern die Nerven rauben. Was mag das für eine Tonart sein? Ich nehme meine winzige Mundharmonika, die mir beim Wandern manchmal Abwechslung verschafft und finde schnell den identischen Ton. Es ist ein F, allerdings eine Oktave niedriger als auf meiner Mundharmonika. Auch die Waldwiesen werden ihre eigene Musik haben, atonal, denn hier summen nicht nur Bienen. Welch eine Blütenpracht! Mir geht die Gedichtzeile von Theodor Storms *Mein Wunderland* durch den Kopf:

Ein Land, wo Blumen Küsse tauschen in tausendfarb'ger Pracht...

Ja, Morgenstund' hat Gold im Mund! Ich bin frisch und aufnahmefähig, nehme Düfte, Geräusche und Farben im vollen Bewusstsein auf. Stunden entfernt von der Schneekoppe, wenn mich mein Weg wieder aus dem Wald heraus und über Wiesen führt, beherrscht ihr Kegel deutlich mein Blickfeld. Warum nicht eine kleine Malpause einlegen?

Auch der Schriftsteller Hermann Hesse ist gerne gewandert, vorwiegend im Tessin. Im Rucksack dabei waren immer Aquarellkasten und Malblock. Über die Freude am Malen und die „Magie der Farben" hat er sich oft geäußert:

Herrlich war das Malen, köstlich war das Malen! Schließlich versuchte ich, auch den Hintergrund etwas bestimmter zu geben, stieß auf Widerstände, geriet mit dem Pinsel voll Graugrün auf eine zu wässrige Stelle, es begann zu verlaufen... verzweifelt wischte ich ab, plötzlich war an allen Ecken zugleich der Teufel los...
[1928]

Ja, so und ähnlich ergeht es mir oft. Das Malen ist und bleibt immer spannend. Ich lasse mich am Wiesenhang nieder. Schnell eine kurze Vorskizze. Kaum habe ich das schönste Himmelsblau in den Borsten, wird, als wäre es nicht gestattet, den Snezka zu malen, die Gardine zugezogen. Er ist und bleibt von Wolken verhüllt, und so wird es mein Bild wiedergeben. Ansonsten überall blauer Himmel. Ich sollte darüber nicht meckern, denn statistisch gesehen ist mein Aquarell ein Spiegelbild der üblichen Sichtverhältnisse.

Über sanfte Anhöhen windet sich mein Weg durch einen gesunden, alten Fichtenwald, ab und an aufgehellt von leuchtenden Waldwiesen. Verstreut weisen Holzhäuser (Chata) auf menschliche Anwesenheit hin, und in deren Umkreis wachsen auch Eichen, Eschen, Buchen und Birken. So schön könnte es von mir aus den ganzen Tag hindurch weitergehen. Aber für ein anschließendes Wanderstück brauche ich unbedingt die entsprechenden Karten. Deshalb peile ich als Ziel das Städtchen Zacler (Schatzlar) an. Um 14.30 Uhr bin ich dort. Kilometerlang ziehen sich die Häuser rechts und links der großen Straße dahin. Die Stadt ist mehr grau als bunt, mehr arm als wohlhabend. Es ist heiß, nur wenige Leute begegnen mir, auf der Straße rollt nur spärlicher Verkehr. Kaum Läden, hin und wieder eine „Penzion" mit abgeblätterten Hinweistafeln, die mir zuflüstern: unsere Zeit ist längst vorbei.

Am Ende zeigt sich das kleine historische Zentrum mit Kirche, Rathaus und einigen stattlichen, alten Bürgerhäusern. Ein Buchladen für meine Kartenwünsche kam mir nicht zu Gesicht. Gerade passiere ich das Museum. „Frag doch mal hier nach!" Ich drücke die Klinke - geschlossen! Ab 15 Uhr geschlossen! Wenige Minuten zu spät. Da tritt eine junge Frau heraus, mustert mich und fragt nach meinem Begehr. „Ich brauche dringend eine Landkarte." - „Ja, wir haben einige Karten. Kommen Sie mit mir!" Sie spricht in einem gut verständlichen Deutsch. Innen schaltet sie eine Alarmanlage aus, ehe sie zwei weitere Türen aufschließt. Nun noch eine Treppe hoch. Die Frau ist Leiterin dieses Museums und weiß gut Bescheid. Sie fragt nach meinem weiteren Weg und legt mir eine brauchbare Karte vor, Maßstab 1:100.000. Dankbar greife ich zu. Mit Mühe und viel Fragerei finde ich in Zacler als einzige Übernachtungsmöglichkeit das Hotel *Sport*. Schnell schickt man eine Reinigungskraft hoch. Später erscheint noch einmal die Chefin, um sich der Sauberkeit des Zimmers zu vergewissern.

Mit Rübezahl unterwegs

Wer tagelang mutterseelenallein durch das Gebirge läuft, kann sich dem Phänomen der „Spinnerei" nicht entziehen. Ich verfolge einen Pfad, der seitwärts einer tiefen Schlucht dem Lauf des munteren Baches folgt. Ich bewundere die schweigenden Baumriesen auf der gegenüberliegenden Seite. Manchmal krallt sich ein bizarrer Fichtenveteran mit seinem Wurzelgeflecht an den felsigen Abbruch. Ich erkenne am Stamm ein uraltes, verwittertes Gesicht mit krummer Nase, aufgeworfenen spöttisch grinsenden Lippen, das einäugig zu mir herüberschielt. Eine Gestalt, halb geduckt, wendet ihren zottigen Kopf und will mir mit ihrer Körpersprache etwas mitteilen.

Wenn mich Anstrengung und Hitze dazu verführen, den Rucksack abzuwerfen, Hemd, Hose und Schuhe abzulegen und mich mit stockendem Atem in die wannenartige Vertiefung des eiskalten Bergwassers zu legen, kann es sein, dass über mir das gutturale Plaudern oder auch Gelächter einer Kolkrabenfamilie die Waldesstille durchbricht. Machen die sich lustig über mich? Stehe ich kurz darauf nackt und bibbernd auf Moos und Fels, ist mir, als würde ich, dem bewegten Spiel von Licht und Schatten ausgesetzt, von den verwitterten Stämmen, den Farnen und Steinbrocken kritisch betrachtet und beinahe genötigt, ein lautes „Dankeschön für das köstliche Bad!" zu rufen. Der Wald birgt für mich nicht die aus wissenschaftlicher Neugier gelüfteten Rätsel, sondern das Geheimnis einer unerklärlichen Beziehung zu meiner Person.

Wieder einmal führt der Pfad steil bergab, schlägt aber eine Richtung ein, die meinem Sinn widerstrebt. Ich verfalle beim Laufen leider hin und wieder irgendwelchen Gedankengespinsten, überlasse mich ganz den braven Füßen und achte nicht genügend auf Abzweigungen des Weges. „Wann hatte ich zuletzt das Wanderzeichen wahrgenommen? Das muss lange her sein, vielleicht vor 2-3 Kilometern, und es ging unentwegt bergab." Was tun? Weiterlaufen, weiter bergab und auf ein Zeichen hoffend? Und wenn es wegbleibt? Die ganze verdammte Strecke steil nach oben wieder zurück? Mal entscheide ich so, mal so. Diesmal kehre ich um und laufe, bis ich das Zeichen erwischt habe. Wenn mir Ähnliches widerfährt, denke ich unwillkürlich an den Berggeist. Er hat mich gefoppt, lacht sich gerade ins Fäustchen...

Es ist nicht lange her, da spielte er mit mir ein kleines lustiges Spielchen: Der Weg überquerte einen Bach, teils mittels großer Steine, teils auf Bohlen. Plötzlich hörte ich Stimmen, weit entfernt. „Aha, treffe ich heute mal auf Wanderer?" Jedoch schienen sie vor mir her zu gehen, etwa in meinem Tempo, denn die Stimmen behielten die gleiche distanzierte Lautstärke. „Ach, jetzt singen sie auch noch, müssen Instrumente dabei haben! Dazu lässt es sich aber schlecht marschieren." Ich wunderte mich. „Na, trink mal erst einen Schluck Wasser." Ich ließ den Rucksack auf den Boden plumpsen. „Nanu, großes Schweigen vor mir!" Als ich mein Gepäck schulterte, waren die fernen Stimmen wieder hörbar. Jetzt ging mir ein Licht auf! Rübezahl hatte mein kleines Radio im Rucksack an- dann aus- und wieder angeknipst. Na, so ein Typ!

Waldsteppe und Steppenwolf

Heute will ich über Bernatice (Bernsdorf) nach Radvanice (Radowenz). Um aus der Stadt heraus auf meinen Weg zu gelangen, frage ich verschiedene Leute. Die Verständigung ist schwierig. Ich kann kein Tschechisch, die Tschechen weder Deutsch noch Englisch. Die Befragten gehen davon aus, dass ich sie irgendwie verstehe, plaudern munter drauf los. Entweder deute ich einige slawische, mit dem Russischen identische Wörter, richtungweisende Arme und die Körpersprache falsch, oder es hat jeder von meinem Zielort eine andere Vorstellung. Sollte ich es nicht einfach mit Russisch versuchen? Lesen wir, welche Erfahrungen J.G. Seume 1802 mit dieser Sprache hat:

Die Russen tun sich etwas darauf zugute, dass man sie soweit in ihrer Muttersprache versteht, und nennen sich deswegen die Slawen, die Berühmten, ungefähr so wie die heutigen Gallier sich die große Nation nennen... Die Polen sprechen sogleich leicht und verständlich mit ihnen, und die Böhmen finden keine große Schwierigkeit. Ich selbst erinnere mich, als ich vor mehreren Jahren aus Russland zurückkam und einen alten russischen Grenadier als Bedienten mit mir hatte, dass er mir in der Lausitz in der Gegend von Lübben sagte: „Aber mein Gott, wir sind ja hier noch ganz in Russland, hier spricht man ja noch gut russisch." So viel Ähnlichkeit haben die slawischen Dialekte unter sich, von dem russischen bis zum wendischen und krainischen.

Nein, heutzutage, da man in den ehemaligen Satellitenstaaten der UdSSR diese Sprache im Volk noch immer als eine Art Unterdrückersprache nachempfindet, will ich mich meiner Sprachkenntnis enthalten. Also entscheide ich mich jetzt für Karte und Kompass und verschwinde schnell in der wald- und wiesenreichen Landschaft. Siehe da, ein weiß-rot-weißes Wanderzeichen sagt nach verschiedenen Unsicherheiten und Entscheidungen „ja" zu meinem Kurs. Da kommt Freude auf! Es ist doch beruhigend zu wissen, dass man seine Kräfte nicht umsonst vergeudet. Im Bergland ist das Verlaufen folgenreicher als im Flachen. Hier kann man jeden Schritt doppelt zählen, denn die zu leistende Anstrengung ist um einiges größer. Mit dem Einsetzen der Nachmittagsstunden drängen Vorstellungen von einem großen, kühlen Bier, von einem kräftigen Mittagsmahl, von Duschen und Faulenzen die Wahrnehmung der Naturschönheiten allmählich in den Hintergrund. Daher will ich nicht unbedingt die vor mir liegende Nacht im Freien verbringen.

Als Radfahrer ziehe ich das Übernachten im Freien oft dem Hotelzimmer vor. Mein Aktionsradius beim Suchen eines geeigneten Platzes ist größer. Und: im Schein der Abendsonne will ich mich entspannen können, der Platz soll mir eine weite Sicht bieten, ich muss vor fremden Blicken geschützt sein. Als Radfahrer kann ich für mein Abendessen (inklusive ausreichendes Trinkwasser) vorsorgen, ohne unter dem Mehrgewicht zu leiden. Gott sei Dank brauchen mich ähnliche Gedanken jetzt nicht zu bedrücken. Meines Weges sicher, schreite ich zügig gen Südosten.

Das heiße Sonnenlicht knallt ungebremst auf die Erde, auf mich. Dabei recken zunehmend trockene, abgestorbene Fichten ihr Geäst in den blauen Himmel. Wer hat wohl schuld an diesem Trauerspiel: der „saure Regen" oder der Borkenkäfer? Ich denke, primär hat der schwefelhaltige Regen die Bäume geschwächt, und erst dann kam der Insektenfraß. Zeitungsmeldungen vom Waldsterben in der damaligen Tschechoslowakei regten mich schon in den 70er und 80er Jahren auf. Der ungefilterte Schwefel aus den Braunkohle-Heizkraftwerken und aus den Schornsteinen der Millionen Privathaushalte tötete ganze Waldbestände. Die Themen Waldsterben, Luftverschmutzung, Smog, saurer Regen usw. waren während der kommunistischen Herrschaft tabu. Mein tschechischer Reiseführer (*Reise know-how*, 2003) spricht von „ökologischem Desaster" in manchen Gegenden, hervorgerufen von Kohle-, Chemie- und

Unterwegs zur Schneekoppe

Im Hochmoor

Riesenebirgskamm

Frühlingsblüte

Ein Schmuckstück

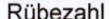

Rübezahl

Felsenwelt von Skaly

Wo geht's weiter?

Im Braunauer Ländchen

Stahlindustrie. Die Rolle der Energiegewinnung sollen in Zukunft Atommeiler übernehmen, was natürlich die Nachbarländer alarmiert.

Für den Wanderer kann es mit der Orientierung im sterbenden Wald schwierig werden. So auch für mich. Plötzlich endet mein Pfad auf einer riesigen Abholzungsfläche. Ich sehe Baumstümpfe, Haufen von trockenem Geäst, sonnengebleichtes Wurzelwerk, dazwischen kreuz und quer die Fahrspuren der Waldfahrzeuge. Natürlich ist an eine Kennzeichnung des Wanderweges nicht zu denken, und ich verfolge stur meine Hauptrichtung. Beileibe gluckert in dieser Steppe kein klares, kaltes Bächlein. Mein Trinkwasservorrat hat zur achten Wanderstunde ein kritisches Minimum erreicht. Schlapp, durstig und ohne die Sicherheit eines richtigen Weges macht sich in mir eine Ahnung von bevorstehender Quälerei breit.

Da taucht plötzlich hinter einer kleinen Anhöhe ein Tier auf. Mein erster Gedanke: ein Wolf! Kann das sein? Es muss ein Wolf sein, zu charakteristisch sind Größe, Farbe und der dreieckige Kopf mit den spitzen kurzen Ohren. Er hat mich sofort entdeckt, fixiert mich und steht wie ein Denkmal. Mein Herz klopft vor Freude bis zum Hals. Ich habe keine Angst, niemals würde ein einzelner Wolf im Sommer einen kräftigen Menschen angreifen, das machen nur verwilderte Straßenköter. Doch schade, meine Freude kam zu früh! Ein Mann erscheint, das Herrchen des „Wolfes". Es erfährt gleich darauf von meinen Wolfsgedanken .Der Mann   lacht, ist offenbar auch stolz und erzählt in deutsch-englischem Kauderwelsch, dass der Vater des Hundes ein Wolfsmischling ersten Grades sei. Es gäbe in Tschechien eine in Fachkreisen weithin anerkannte Wolfs- und Wolfsmischlingszucht. Na bitte, dann bin ich halt einem echten „halben" Wolf begegnet. Auf meine Frage nach dem Weg kommt der erfreuliche Hinweis: „Sie sind gleich in Radvanice." Das lasse ich mir nicht zweimal sagen. Her mit der Pulle! Glucksend fließt die kostbare Wasserreserve durch meinen Schlund.

Hier hat der Hund das Sagen

Gleich am Ortsrand prangt ein großes Schild: „Penzion Radvanice, 300 m". Alle sorgenvollen Gedanken der letzten Stunde fallen von mir ab, frohlockend strebe ich dem Hort der Erholung zu. Minuten später schon ist Skepsis angesagt, denn hässliche, einstöckige Betonkästen bilden optisch kein günstiges gastronomisches Umfeld und warnen mich vorweg. So offenbart es sich nun auch: Die „Penzion" ist eine bröckelnde, rostende, graue Bruchbude. Hier kann man essen, aber Zimmer werden schon lange nicht mehr vermietet. Ich solle die „Penzion Hrdlicek" aufsuchen, etwa einen Kilometer geradeaus. Wo ist hier das „Geradeaus"? Es gibt nur Wege und kleine Sträßchen, die manchmal abrupt enden. Alle Leute, die ich frage, empfehlen mir die „Penzion Radvanice", die leider keine Pension mehr ist und wundern sich, dass ich ihrem Rat nicht folge.

Ich lande in einem Laubenviertel. Die Knochen tun mir weh, ich bin groggy und enttäuscht von dieser öden Sucherei. Auf einem Schrebergartengrundstück entdecke ich eine dicke, junge Frau in gelber Kittelschürze und kurzen Gummistiefeln. Ich rufe ihr meine Frage nach dieser dubiosen „Penzion Hrdlicek" zu. Aber schon mein erstes Wort wirkt wie eine Initialzündung auf sämtliche Hundeschnauzen dieser Kolonie. Sind es hundert? Zweihundert? Der Lärm ist ohrenbetäubend, die friedliche Abendstimmung dahin. Gleich links nebenan wütet ein schwarzer Kampfhund gegen mich und den trennenden Zaun. Grotesk und irre flattert auf dem rechten Grundstück zeternd und kreischend ein furchterregender Prachthahn wie eine Furie hin und her. Sein Hühnervolk gackert dazu, was das Zeug hält. Auch „meine" Frau hat einen Hund, einen Schäferhundmischling. Ehe der zum Sturm nach vorne ansetzen kann, erwischt sie ihn am Halsband und schiebt ihn durch eine Schuppentür. Jetzt kommt sie angewatschelt, weil sie noch überhaupt kein Wort verstanden hatte. Aber plötzlich ist ihr Hundevieh wieder da, rast heran, und schon prallen er und der Kampfhund wutschnaubend und blutdürstig am Zaun zusammen. Dieses Getobe versucht die Frau zu überbrüllen, aber der Hund gehorcht nicht. Na, wenigstens schnappt die Leine am Halsband fest. Noch immer haben wir kein Wort gewechselt. Gibt es hier überhaupt noch Menschen, außer uns beiden? Die vielen aufgebrachten Hundetölen dürfen sich voller Lust austoben. Können wir jetzt endlich reden?

Nein, es soll nicht sein! Ihr Hund, voller Hass gegen den Kampfhund, macht einen Satz. Sein rundliches Frauchen trifft das völlig unvorbereitet. Schon liegt sie in Staub und Dreck, schreit wie am Spieß, lässt aber die Leine nicht los, wird mitgeschleift. Sorry, liebe Frau, das alles konnte ich nicht ahnen, wollte doch nur wissen, wo die „Penzion Hrdlicek" ist...

Ich kann nicht mehr! Es ist der wahre Albtraum! Flucht! Schnelle Flucht!!! Welch ein Wunder, dass nicht einige der wütenden Kläffer sich bis zu mir durchgekämpft haben oder der wilde Hahn mir die Augen auspickt! Was für eine Filmszene wäre das! Die Leute würden sich biegen vor Lachen! Wie betäubt kehre ich zurück in das Wohnviertel. Dort hilft mir ein Ehepaar, das etwas deutsch spricht und bringt mich zu Leuten, die hin und wieder ein Zimmer vermieten. Ich bekomme ein schönes Dachzimmer. In der Gaststube der „Penzion Radvanice" belohne ich mich mit einem schmackhaften Rostbraten, Kartoffeln mit Senfsoße und einem Schoko-Eis zum Nachtisch.

Im Braunauer Ländchen

Muss ich meinem Schutzgeist Rübezahl heute „auf Wiedersehen" sagen? Sein oberirdisches Gebiet sollte hier sein Ende haben, es ist ja nur auf das Riesengebirge beschränkt. Laut Karte bin ich, noch zu morgenfrischer Zeit, im „Braunauer Ländchen", das zum Heuscheuer-Gebirge gehört, angelangt, einer ins polnische Schlesien reichenden Ausbuchtung. Hier könnte ich dem Berggeist ohne Gefahr die bisher von ihm noch nicht beantwortete Frage stellen: „Rübezahl, wie viele Rüben hast du eigentlich damals auf dem Feld gezählt, als dir die entführte Prinzessin, deine in einem „goldenen Käfig" gehaltene Geliebte, diese Aufgabe stellte? Sie hatte listig die Zeit deines Zählens, Verzählens und Nachzählens zu ihrer Flucht aus deinem Reich genutzt. Das hat dich bis heute maßlos verletzt, so dass allein das Aussprechen des Namens „Rübezahl" böse Folgen für die Person haben kann. Es wäre mir recht, wenn du mich noch ein Stück des Weges zum Falkengebirge begleitetest. Dein Schutz ist mir lieb, auf deine rauen Scherze möchte ich allerdings gern verzichten."

Durch Wald und Flur, auf Wegen und schmalen Fahrstraßen schreite ich in gleichmäßigem Rhythmus leicht bergan, der höher steigenden Sonne entgegen. Nicht nur die Landschaft, auch die Häuser sorgen in mir für Zustimmung und Harmonie. Es sind Blockhäuser, von schlicht bis luxuriös, ganz im traditionellen Stil: Balken und die „Ritzen" dazwischen verschiedenfarbig bemalt, kunstvoll gearbeitete Verblendungen über Türen und Fenstern, Dachschindeln.

In Skaly (Bischofsstein), gleich hinter dem Schloss, beginnt die Welt der bizarren Sandsteinfelsen. Ehe ich es richtig mitbekommen habe, löst sich mein Weg zwischen den Felsen auf. Nirgends eine Wegmarkierung. Nun irre ich orientierungslos in einem Labyrinth turmhoch aufeinander geschichteter Sand-stein-blöcke umher. Von Pflanzen überwuchert, stellen tiefe Löcher und Spalten eine Gefahr dar, der ich mit Konzentration und Vorsicht begegnen muss. Ich will hier schleunigst wieder raus! Das steile Auf und Ab strengt gewaltig an, dazu die Mittagshitze - um die 35 Grad. Ohne Weg und Steg hin und her zu stolpern, bringt nichts! Grau-rosa Felsengebilde, lichter Fichtenwald, Moose und Farne, ein Bild gleicht dem anderen. Der Kompass muss helfen, ich peile mich von Fels zu Fels, von Baum zu Baum. Plötzlich stehe ich vor einer tief abbrechenden Wand. Mühselig folge ich ihr bis an eine Stelle, die mir ein Abwärtsklettern erlaubt. So geht es querbeet stetig bergab, bis die Helligkeit baumloser Flächen hindurchschimmert. Äcker und Wiesen bedeuten hier das Ende des Horstgebirges. Erst spät finde ich in Hlavnov (Dürrengrund) ein kleines, gemütliches Gasthaus und ein Zimmer zum Übernachten. In der Gaststube, wo ich mit „Mister" angeredet werde, wird gerade das Fußballspiel Slowenien gegen England übertragen. Hier wie in Tausenden anderer Gast-stuben ist die Fußballweltmeisterschaft in Südafrika das Gesprächsthema Nr.1.

Am folgenden Morgen, dem 24. Juni, zieht es mich wieder mit Lust hinaus, den Wanderstock zu schwingen. Ich komme durch Suchy Dal, Slavny, Machov. Dass ich mich in Karlow (Karlberg) auf polnischem Territorium befinde, merke ich erst beim Bezahlen im Supermarkt. Kein Problem, denn in ständiger Grenznähe habe ich auch polnische Sloty parat. Der Stolowogorsky-Landschaftspark scheint allein meiner Person zugänglich zu sein. Keine Menschenseele kreuzt meinen Pfad. Schmal ist er, immer parallel zur granitenen Abbruchkante des Gebirges. Vorsprünge eröffnen mir den Fernblick. Die Vegetation ist urwüchsig und wild. Die Thermik spielt verrückt. Urplötzlich braust die Luft in Sturmstärke daher, dass sich die Äste nur so biegen. Ebenso unmittelbar tritt wieder Ruhe ein, und nur ein laues Lüftchen fächelt mir Kühle ins Gesicht. Auf einem Felsensattel bietet sich mir die schöne Gelegenheit für eine kleine Malpause. Runter mit dem nass geschwitzten Hemd! Freiheit den eingepferchten Füßen!

Durstig bin ich. Der Rest meiner Wasserflasche, höchstens eine Tasse voll lauwarmen Wassers, wirkt nicht gerade aufmunternd. Davon einen Schuss in den Tuschbecher - ein echtes Opfer -, einen Schluck gönne ich meiner ausgedörrten

Kehle. Dann gebe ich mich dem Malen hin. Die Hauptfarben sind grau für das Gestein, grün für die Vegetation und blau für den Himmel. Das viele Grün meines bisherigen Weges hat in mir eine Malabstinenz hervorgerufen. Es macht einfach keinen Spaß! Ich trachte nach Farbkontrasten. Sollte ich mir da nicht die Maler des „Blauen Reiter" zum Vorbild nehmen und die naturgetreue Abbildung hinter schwelgenden Farben zurücktreten lassen? Hermann Hesse äußerte hierzu Gedanken, die auch mich beflügeln:

Es kommt mir heute nicht auf Kleinigkeiten an, bloß auf die Farbflächen... auf dieses satte, schwere Rot des Daches, auf alle die Blaurot und Violett darin, auf das Herausleuchten des lichten Hauses aus dem Baumdunkel.

He, was soll das? Eine starke Böe fegt durch mein Malbuch und wirft den Malbecher um. Aber nicht nur das! Sie packt das ausgebreitete Hemd und wirbelt es in die Luft. Ich kann es nicht mehr greifen, es landet auf einem Vorsprung, zehn Meter tiefer. Nicht nur mein Hemd ist es, das ich unbedingt wieder haben muss: in dem kleinen Oberarmtäschchen steckt meine EC-Karte! Ich muss das Hemd erwischen, koste es, was es wolle! Wenn ich ein Stück hinunterkletterte und einen langen Ast zur Hilfe nähme, könnte ich das Hemd hochziehen. Trittstellen und Haltemöglichkeiten sind zu erkennen, aber mir ist bange.

Das lange, abgeschnittenen Eschenbäumchen binde ich mit der Schnur an meinen Gürtel, denn ich brauche, wenn auch nur für wenige Meter, beide Hände. Es ist immer noch kompliziert genug. Noch drei Meter, das dürfte zum „Angeln" reichen. Mit dem Bauch am Felsen, den Körper verdreht, gelingt es mir unter großer Mühe, die Rute in dem Hemd so zu verwursteln, dass es nicht gleich wieder abfällt. Mein Angelarm versagt vor Anstrengung fast seinen Dienst. Bloß jetzt kein plötzlicher Windstoß! Aber alles geht glatt. Glück gehabt! Oder war's der Rübezahl??? Hatte er vielleicht sogar vorher das Hemd weggepustet? Froh über das überstandene Abenteuer, beende ich unkonzentriert mit wenigen Pinselstrichen das Aquarell. Weiter geht's.

Wie herrlich wäre jetzt das Leben nach einem kühlen Trunk und mit gefüllter Wasserflasche! Muss ich mich in Zukunft auf zwei Flaschen einstellen? Der Pfad kann nicht viel begangen sein, er ähnelt mehr einem Wildwechsel. Der höchste Punkt ist überschritten. Bergab, an einer von gelbem Binsengras bewachsenen Lichtung, wird der Untergrund feucht. Eine frohe Botschaft, ich wittere Labsal! Da sprudelt auch schon ein schmales, glasklares Rinnsal - mir direkt in den Kelch der beiden Handteller. Welch eine Köstlichkeit! Trinken, atmen, trinken! Die Flasche ist gefüllt. Jetzt kann kommen, was will!

Der Romantiker

In meinem Tagebuch blätternd stelle ich fest, dass Morgengymnastik und Frühstück mit absoluter Regelmäßigkeit vermerkt sind - Tag für Tag, das gehörte einfach dazu. Für das Glück des Wanderers, mein Glück, spricht ein anderer regelmäßiger Eintrag: „Wunderbares Sonnenscheinwetter". Mit einer Ausnahme beginnt jeder tägliche Bericht in den ersten zwei Wochen mit dieser Lobpreisung. Beim Weiterblättern verblüfft mich, dass ich die für mich zentrale

Bedeutung des Sonnenscheins in den folgenden Wochen für das Selbstverständlichste auf der Welt gehalten haben muss: es war mir keine Erwähnung mehr wert. Dabei hatte mir dieser eine Regentag doch deutlich die Kehrseite des „schönen Wanderns" gezeigt.

Nur in meiner Statistik, der Merktabelle des Tagebuchs mit den Rubriken:
a) Übernachtungsort, b) Wanderzeit, c) Streckenlänge, d) Wetter
hatte ich zum Stichwort „Wetter" brav vermerkt, wie es war: Sonne - Sonne/heiß, Sonne/schwül, Sonne/Wind, Sonne/sehr heiß, Sonne/Gewitter, Sonne/Wolken.

Morgens bei Sonnenschein losgehen, ausgeruht, gesättigt, neugierig auf das Unbekannte, das vor mir liegt, das kann mich vormittags in einen Schwebezustand von Glückseligkeit versetzen. Kaum einmal kreuzt ein anderer Mensch meinen Weg. Ich bin allein mit mir und der Natur. „Das Schweigen des Waldes"? Dem Alleinwanderer werden die Sinne geschärft. Die Ohrlöffel leiten jedes Knistern, Knacken, Knuspern, Knarren, Wispern, Rascheln aus dem Wald weiter ins Gehirn. Die Augenlichter filtern die Besonderheiten heraus und die Nasenflügel vibrieren neugierig in der „Gerüche-Küche" von Wald und Flur. Aus dem Dreiklang dieser Sinneseindrücke fabrizieren die „grauen Zellen" meine Befindlichkeit. Auch mein Körper sendet Signale an die Zentrale: die Lunge ist überreich mit Sauerstoff gefüllt, das Herz schlägt regelmäßig und stark, Beine und Füße verrichten selbstbewusst ihre Arbeit, der Magen knurrt unbelastet vor Wohlbehagen, der Rücken scheint gar nicht vorhanden zu sein, und nebenbei schmelzen Bauchspeck und anderes Fett wie von selbst dahin. Vergleichbar mit der gelegentlichen Überprüfung der Funktionstüchtigkeit des Außenbordmotors meines Segelbootes, betrachte ich auf der Piste distanziert die Vorgänge in mir.

Das körperliche Wohlbefinden und die durch mein Alleinsein verstärkten Sinneseindrücke stimulieren in besonderer Weise mein Gemüt. Diesmal nehme ich intensiv meine „romantische Seele" wahr: die Natur ist nur für mich vorhanden, als wollte sie mir imponieren, mich zur Kontaktaufnahme bewegen. Ich ertappe mich bei Ausrufen, Fragesätzen und mimischen Vertraulichkeiten, Gesten tiefer Sympathie gegenüber meinen „Gesprächspartnern". Ich bin sozusagen „romantisiert".

Die „Waldeinsamkeit", ein Hauptelement meiner Tour, hatte der Dichter Ludwig Tieck 1796 als Wortbildung geprägt, Joseph von Eichendorff (1788-1857) hat sie z.B. in sein Gedicht *In der Fremde* aufgenommen:

> Wie bald, wie bald kommt die stille Zeit,
> Da ruhe ich auch, und über mir
> Rauschet die schöne Waldeinsamkeit
> Und keiner mehr kennt mich auch hier.

Nüchtern und unromantisch gesehen, steckte mehr hinter dem Wortsinn von „Waldeinsamkeit". Zu Tiecks Zeit war Holz der wichtigste Rohstoff. Rücksichtslos und systematisch wurden die Bäume für die sich entwickelnde Industrie (Glas, Porzellan, Eisen) geschlagen. Große Landstriche wurden entwaldet. Erst jetzt bekam der Wald für die Menschen eine emotionale Qualität. Seine Schönheit, sein Zauber wurde dem kalten Nutzdenken gegenübergestellt - die Natur als Gegensatz zur Zivilisation. Nichts gibt das damals verbreitete Gefühl der Menschen und ihre besondere Verbundenheit zur Natur besser wieder als deren Gemälde, Romane, Gedichte und Lieder. Die Natur war - und ist - am besten beim Wandern zu erschließen und zu genießen. So ist es nicht verwunderlich, dass die vertonten Gedichte Joseph von Eichendorffs sehr populär wurden, ja auch heute noch gesungen werden, wie ich es gerade tue:

> Wem Gott will rechte Gunst erweisen,
> Den schickt er in die weite Welt;
> Dem will er seine Wunder weisen
> In Berg und Wald und Strom und Feld.
>
> Die Trägen, die zu Hause liegen,
> Erquicket nicht das Morgenrot,
> Sie wissen nur von Kinderwiegen,
> Von Sorgen, Last und Not um Brot.

So singe ich, genau so ist mir gerade zumute! Und was lese ich in Hermann Hesses Aufzeichnungen *Wanderungen*? Während eines Picknicks, Hesse ruht, im Grase liegend,

> besinne ich mich auf Lieder von Eichendorff, die ich auswendig weiß. Es fallen mir nicht viele ein, bei einigen fehlen mir Verse. Die Lieder sind voll Wehmut, aber die Wehmut ist nur eine Sommerwolke, dahinter steht Sonne und Vertrauen. Das ist Eichendorff.

Von Eichendorff, der ja hier in der Nähe, auf Schloß Lubowitz bei Ratibor, geboren wurde, stammen auch die Verse:

> O Täler weit, o Höhen,
> O schöner grüner Wald,
> Du meiner Lust und Wehen
> Andächt'ger Aufenthalt!
>
> Da draußen, stets betrogen,
> Saust die geschäft'ge Welt,
> Schlag noch einmal die Bogen
> Um mich, du grünes Zelt!"

Leider geht es mir wie Hesse - mir fallen höchstens die ersten beiden Strophen dieser und anderer Wanderlieder ein. Noch ein Lied aus Eichendorffs Feder:

> Mich brennt's in meinen Reiseschuh'n,
> Fort mit der Zeit zu schreiten-
> Was wollen wir agieren nun
> Vor so viel klugen Leuten?

Lieder solcher Gattung, später fortgesetzt von den so genannten „Wandervogelliedern" aus der Jugendbewegung vor und nach dem Ersten Weltkrieg, beließen es nicht bei einer uns schwärmerisch erscheinenden Naturbetrachtung, nein, in ihnen steckten Zeitkritik und gesellschaftlicher Anspruch. Mit meinem

Singen empfinde ich mich ganz in der Tradition meiner Eltern, die in den „Zwanzigern", bündisch geprägt, die Ideale der neuen Zeit zu leben versuchten, ausgedrückt durch Wandern, Singen und durch ein waches Interesse an den damaligen politischen und gesellschaftlichen Herausforderungen.

Mützenkoller

Es ist Wochenende - von Wanderern nicht besonders gemocht, denn die Geschäfte sind geschlossen, Hotels manchmal ausgebucht, das Alleinsein auf kleinen Landstraßen und Pfaden durch Auto-, Radler- und Wandererrudel eingeschränkt. Andererseits sind die Menschen allgemein in einer heiteren, lockeren Stimmung, einer Stimmung, in der ich sie mag. Wäre nicht das 7.30 Uhr-Frühstück, ich hätte die Wanderung schon um 6 Uhr begonnen, mit der Morgensonne, der Morgenfrische und der gewonnenen Zeit für die lange Tour. Aber das Frühstück ist gut, wird mich tragen, und ich muss mich daher nicht ärgern.

Gestern war ich, vom polnischen Städtchen Dusniki Zdroj (Bad Reinerz) kommend, in Ricky v. Orl. Horach (Ritschka) gelandet und hatte dabei zwei Gebirge durchkreuzt: das östlich der Grenze liegende Habelschwerter Gebirge und das Adlergebirge westlich davon. Heute geht's in das Glatzer Schneegebirge. Bad Reinerz gehörte einst zum preußischen Regierungsbezirk Breslau und zum Kreis Glatz. Mit seinen stark kohlesäurehaltigen Mineralquellen gilt es auch heute noch als „Bad". Wäre da was für meine Gebrechen? Blutarmut? Nein! Menstruationsstörungen? Wohl nicht! Katarrh der Luftwege? Nur, wenn's zu steil bergauf geht! Tuberkulose? Kaum! Nervenschwäche? Wenn ich den Weg verliere! Magen- und Blasenkatarrh? Was ist überhaupt ein „Katarrh"?

Vorerst marschiere ich auf einer stillen Landstraße. Auf der rechten Seite üppige Wiesen, hohes Gras, durchmischt mit vielerlei Blumen und Kräutern. Wo es als Heu am Boden liegt, rieche ich die durchwürzte Luft mit Inbrunst, als schlürfte ich einen starken Kräutertee. „Mach doch mal ein Foto!" Die dabei störende Schirmmütze klemme ich unter den Arm. Und schon geht's weiter. Bald blenden mich die Sonnenstrahlen dermaßen, dass ich den Mützenschirm tiefer ziehen will. Geht aber nicht. Die Mütze sitzt gar nicht auf dem Kopf! Ist weg! Dabei spürte ich die ganze Zeit den leichten Mützendruck. Ich bin kein Mützenträger. Könnte man nach zweieinhalb Wanderwochen das Phänomen als „Phantomdruck" bezeichnen? Umdrehen, zurück! Mein Ärger hält sich in Grenzen. Schon von weitem sehe ich die Mütze als olivfarbenen Fleck neben der Straße.

Erste Radfahrer kommen mir entgegen, es sind Rennradfahrer in standesgemäßer Kluft. Immer kürzer wird der Abstand zu weiteren Rudeln. Ich mag das Geräusch von Fahrwind und Asphaltgesang der vorbeisausenden, schmetterlingsgrellen Fahrergruppen. Radfahren ist in Tschechien sehr populär. Jeder hat eine große Nummer auf dem Rücken, ich tippe auf einen „Rad-Marathon". Es sind Hunderte von Jungen und Alten, Männern und Frauen, Schnellen und Langsamen. Respekt! - in diesen Bergen. Die letzten Rad-Nachzügler keuchen vorbei. Bald bin ich wieder allein mit meinem Wanderstock und der Mütze. Jetzt kann ich endlich pinkeln.

Und die Mütze? Die ist nicht da! Was, verdammt, ist heute los! Bevor ich den schweren Rückwärtsgang antrete, verstecke ich den Rucksack hinter einem markanten, umbuschten Alleebaum. Mein Zorn treibt mich mit Tempo zurück. Wo hatte ich...? Sie liegt traurig auf dem grauen Asphalt! Das verursacht Schuldgefühle: schnöde ließ ich sie zurück. Der selbstverschuldete Zeitverlust ärgert mich. Ich werde die kleine Zwischenmahlzeit nachher streichen! So, noch diese Anhöhe, dort wacht die große Kastanie über meinen Rucksack. Auf ihrer Rückseite zur Wiese hin fehlt aber jedes Anzeichen eines Rucksacks. Bin ich total blöde? Es muss dieser Baum sein!!! Aber auch hinter weiteren Bäumen wartet die große, fassungslose Enttäuschung.

Was nun??? Jetzt erst bemerke ich ein Treckergeräusch, sehe den Traktor auf der Wiese mit einer Egge beim Heuwenden. Er fährt große Runden, nähert sich gerade der Chaussee. Dicht bei mir stoppt der Fahrer, stellt den Motor ab und springt aus dem Fahrerhaus. Der junge Mann mit Vollbart, im karierten Hemd, tritt lebhaft und freundlich auf mich zu, macht die Gesten eines Rucksackträgers, weist auf mich. Ich nicke erleichtert, jeder spricht in seiner Sprache. Jetzt zieht der Mann den Rucksack aus dem Traktor. Er macht mir klar, dass er das kostbare Stück hier liegen sah und es vor Entdeckung und Diebstahl bewahren wollte. Ich strecke ihm die Hand hin, bedanke mich, und offensichtlich froh, steigt er wieder in sein Fahrzeug.

Klasterec, Mladkow - Richtungswechsel nach Nordost. Wir sind im Glatzer Schneegebirge. Ich habe Glück mit der schmalen, ruhigen Landstraße. Das Gehen war bislang wie Fahren, die Beine taten ihre Pflicht und die Augen konnten das Schöne aufnehmen. Nun macht sich Ermüdung und zunehmende Lustlosigkeit in mir breit. Es geht nur bergan. Ein gelber Fleck auf der Fahrbahn lässt mich rätseln. Ach nee! Eine große, gelbe Banane! Muss nur noch aufgehoben und gegessen werden. Ich kann nicht anders und denke an Rübezahl. Die Banane beschert mir eine Pause, ich strecke mich am Waldrand aus und verzehre das Geschenk. Die Abwechslung belebt meine Moral. Bis Horni Morava, dem höchsten Punkt der Strecke, lege ich eine flotte Sohle hin. Oben schätze ich es auf drei bis vier Kilometer bis ins Tal, bis zum Hotel.

Na, dann mal los! Aber ich bin nicht komplett. Die Mütze...! Zorn, Ratlosigkeit, Peinlichkeit, ich schrumpfe innerlich zu einer lächerlichen Figur. Zurück! Es ist ja so bitter, der reinste Büßergang. Der Rucksack bleibt im Wald („merk dir bloß die Stelle!"). Die tarnfarbene Mütze hätte ich möglicherweise übersehen, aber bei der gelbe Bananenschale im Brombeerbusch hatte ich gesessen.

Das Hotel im Tal, die freundliche Aufnahme, das helle Zimmer, das kühle Bier und das Hühnerschnitzel mit Pommes und Knoblauchsoße verscheuchen meine depressive Stimmung. Und als später im TV die deutsche Nationalmannschaft in Südafrika mit einem lebendigen, klugen Spiel die Engländer deutlich besiegt, ist bei mir wieder alles im Lot.

Der lange Weg

Ob das Glatzer Gebirge im Winter besonders schneereich ist? Der Name „Schneeberg" (Snieznic) mit seinen 1425 Metern deutet darauf hin. Der Gedanke an Schnee ist ein angenehmer, denn um diese Vormittagszeit haben wir schon 30 Grad, und ich wollte „den Berg" längst erklommen haben. Aber beim Losgehen heute früh fand und fand ich den Anschluss an den Wanderweg zum Snieznic nicht. Ich war ein paar hundert Meter mit forschendem Blick mehrmals hin und her gegangen, Weg und Zeichen blieben mir verborgen. Stattdessen nutze ich einen Fahrweg, der sich in langen Schleifen umständlich hochschraubt. Auf halber Höhe erweitert sich mein Weg zu einem Schotterparkplatz für Waldfahrzeuge, und hier finde ich auch einen schmalen Trampelpfad, der geradewegs nach oben führt. Ich will es wagen. Es wird steinig, geht steil nach oben, mehrmals muss ich einen Bach überspringen. Richtig ungemütlich wird es wegen der groben Hinterlassenschaften von Baumfällarbeiten. Abschlepprinnen haben die Oberfläche aufgerissen, der Bach ist regelrecht verwüstet worden, sein Wasser verwandelt das ganze Areal in schwarzen Morast. Die breite Fahrschneise entfernt sich nach unten.

Soll ich nicht lieber umkehren? Ich befinde mich in einem weglosen Mischwald. Doch Umkehr ist immer das Schlimmste! Bergauf zu gehen, kann hier nicht falsch sein, auch wenn es ein wegloses Tasten, Stolpern, Sich-durch-die-Büsche-Schlagen ist, eine verdammte Schinderei, die mir alle Kräfte abverlangt. Da fängt mein Blick eine dunkle Linie, die sich in meiner Richtung bergauf zieht. Ein Wildwechsel! Die schlauen Tiere wählen immer den Weg des geringsten Widerstands. Ich vertraue mich der schmalen Trampelspur an, keuche, stolpere, fliege hin, schwitze in diesem feuchtheißen Milieu wie im Äquatordschungel. Ein grasgrüner Querstreifen über mir weckt Hoffnung Das kann nur ein breiter Weg sein! Ich werde nicht enttäuscht, es ist ein augenscheinlich lange nicht mehr benutzter Weg. Irgendwann gibt es sogar ein verrostetes Hinweisschild auf den „Snieznic". Ich bin heilfroh!

Der Wald bleibt allmählich zurück. Da ist der mächtige, kahle Bergbuckel! Na, das schaffe ich auch noch. Oben lockt die Belohnung: Brot, Käse, Obst, Wasser, die verdiente Ruhepause. Liegt nicht der ganze Sinn des Wanderns in solchem Wechsel von Anstrengung und Belohnung? Könnte ich das Lagern in der aufgewärmten Heide, mit freiem Oberkörper, barfüßig, den Kopf an meinen Rucksack gelehnt, mehr genießen als nach der zurückliegenden Strapaze? Ich sehe reihum Gebirge, die ich als Reichensteiner Gebirge (902 m), Eulengebirge (1014 m), Habelschwerdter Gebirge (1114 m), Heuscheuer-Gebirge (919 m) und das Altvater-Gebirge (1480 m) identifiziere. Keine besonders markanten Gipfelformen, dazwischen wiesengrüne, korngelbe Talmulden mit ziegelroten Hauseinsprengseln.

Ich will den Pausengenuss steigern, aber das Aquarell bleibt reizlos, gefällt mir nicht. Ich hätte lieber entspannt in den Himmel schauen sollen. Nun wird es höchste Zeit, mich zu trollen. Drei Uhr, und bis zur „Bouda Pastrec" sind es gut und gerne noch 18 Kilometer. Nach den Mühen des Aufstiegs ist der gut markierte Abwärtsweg zunächst die reine Erholung. Am frühen Abend macht mir eine spitzwinklige Weggabelung ohne irgendein Zeichen die Entscheidung schwer. Ich lasse den Rucksack hinter einem Holzstoß liegen und gehe gut zehn Minuten auf dem linken Weg. Kein Wanderzeichen! Nun den rechten Weg! Nach 15 Minuten noch immer kein Zeichen. Na, noch 10 Minuten weiter! Alles wie gehabt. Wieder zurück. Ich muss mich entscheiden, wähle den rechten Weg. Nach einem Weilchen kommt mir der erste Wanderer dieses Tages entgegen. Er ist klein, breit, dick und trägt einen riesigen, hoch über seinem Kopf hin und her schwankenden Rucksack. Er will in die gleiche Gegend wie ich, kommt aber von dort, wohin ich gerade unterwegs bin. Mir bleibt nur die Umkehr. Wir gehen zusammen, radebrechen recht und schlecht, der Kumpel entpuppt sich als eifriger Wanderer, auch wenn er äußerlich der Antityp eines Wanderburschen ist. Dafür zolle ich ihm insgeheim Anerkennung.

Meine Grundschnelligkeit ist eine andere als die meines Begleiters, wir sagen uns „adieu". Bald wird der „Weg" zum Geländepfad mit großen Steinen, umgestürzten Bäumen, Lehmkuhlen. Ausgerechnet dort leuchtet erstmals wieder ein (mein) Wanderzeichen. Tiefes, erleichtertes Aufatmen. Als ich auf einem Fahrweg lande, rollt ein Auto im Schritttempo heran. „Haben Sie einen Wanderer gesehen, ca. 50 Jahre alt, klein, dick?" Der Mann erzählt mir auf Englisch, dass unser Wanderer sich per Handy in seiner Pension angekündigt hätte und längst überfällig sei. „Warten Sie hier, er wird bald auftauchen!" Ich bekomme noch einen Tip, mir den Weg bis zur Bouda abzukürzen.

Langsam wird es dunkel. Zwölf Stunden bin ich unterwegs. Endlich taucht auf einer großen Lichtung die stattliche Herberge auf. Warum leuchtet kein Licht? Warum ist die Tür verschlossen? Sind denn die Bauden nur im Winter in Betrieb? Da öffnet sich die Tür eines kleineren Nachbarhauses. Ein grauhaariger, sehniger Typ tritt auf mich zu. Er schließt die Herberge auf und lässt mich eintreten. Ich bekomme ein gemütliches Kämmerlein mit Dusche. Der Sohn des Herbergsvaters macht mir Pommes, ein Schnitzel und Tomatensalat. Durstig leere ich ein großes Glas mit Radler.

Preußisches Schicksal

Gestern marschierte ich nach 30 Tageskilometern in Jesenik (Freienwaldau) ein, der am Nordrand des Altvatergebirges gelegenen Kleinstadt. Kein leichter Tag war das, mit einer langen Steigung und einem sehr steilen Aufstieg auf den Serak (1300 m). Unterwegs kühlte ich meinen von tropischer Temperatur erhitzten Leib mal wieder in einem „Wald-Wannenbad", vom eiskalten Quellbach durchflossen. Ein doppeltes Vergnügen: ich genoss die prickelnde Kälte und schluckte dabei so viel Flüssigkeit, dass ich mehr einem Fisch als ein Warmblüter glich. Dicht am Wege weckte ich eine dösende Hirschkuh mit Kälbchen, die daraufhin einen „geordneten Rückzug" antrat, nicht, ohne empörte Grunzlaute auszustoßen. Ich malte einen imposanten Sandsteinfelsen, wobei zu dieser Stunde meine Kehle inzwischen sehr begehrlich nach dem Wasserschluck im Tuschbehälter lechzte. Für ganz oben erwartete ich laut Karte eine Berghütte mit Gastronomie. Jeder Wanderer wird Ähnliches erlebt haben: der heißesten

Sonntagssportler

Meine „Penzion"

Durst

Ich folge einem Wildwechsel

Erfrischung

Romantische Landschaft

Nachtlager

Wegweiser

„Heiße Spur" im Asphalt

Warnung vor der Zecke

Erwartung folgt die größte Enttäuschung. So auch hier: die Hütte war eine Baustelle, von ein paar fleißigen Arbeitern besetzt. Na, ich schlich mich ein, fand einen kahlen Raum und zwischen Mörtelwannen und Maurerkellen einen angeschlossenen Wasserschlauch. So konnte ich mich versorgen. Zum Glück, denn die lange, öde Strecke durch einen reizlosen Stangenwald war der Nachmittagssonne zugewandt und zeigte nicht die Spur von Feuchtigkeit. Wenigstens ging es bis zur Stadt lange bergab.

Um 17.30 Uhr stand ich im Zentrum. Die leidige Suche nach einer Bleibe geriet zu einem spannenden Spiel. Drei Pensionen und zwei Hotels wiesen mich ab. Erst ein Engel in Gestalt einer nett aussehenden, sportlich gekleideten Frau machte alles wieder gut. Sie sprach englisch, hatte hier schon öfter einen Kurzurlaub verbracht und kannte zwei kleine Hotels, bei denen ich noch nicht gewesen war. Um mich dorthin zu führen, opferte sie allerhand Zeit. „Das mache ich doch gern", lächelte sie. Erst das zweite dieser Hotels befreite mich vor dem Los der Obdachlosigkeit. Auch meine sympathische Begleiterin war bei unserem Abschied sichtlich froh. Früher war Freiwaldau eine Bergbaustadt, die sogar Gold ans Tageslicht brachte. Daher kauften die Fugger Stadt und Bergwerke. Als die Goldförderung sich nicht mehr lohnte, schlugen sie sie wieder los. Im Zentrum stieß ich auf die alte, trutzige Wasserfestung inmitten eines schönen Parks.

Die Preußen hatten sie sich im Ersten Schlesischen Krieg kurz nach Friedrichs II. Machtantritt 1740 mitsamt dem habsburgischen Schlesien in einem kühnen Blitzcoup angeeignet. Erst dem österreichischen Pandurenführer Freiherr Franz von der Trenck (1711-1744) gelang es später, die Mauern zu knacken. Keine schöne Aussicht für die Besatzung, denn die wilden, malerisch gekleideten, an ihrem roten Umhang zu erkennenden Pandurenreiter verbreiteten durch Grausamkeiten, wie man sie seit dem Dreißigjährigen Krieg nicht mehr kannte, Angst und Schrecken. Ihr groß gewachsener, sprachbegabter, gut aussehender Anführer zeichnete sich ebenso durch Grausamkeit als durch Tapferkeit aus. Wegen vieler Gräueltaten und „Subordinationsvergehen" (Eigenmächtigkeiten) wurde ihm ein „peinlicher Prozess" gemacht. Er wurde zu lebenslänglicher Haft in der österreichischen Festung Spielberg bei Brünn verurteilt, wo er 38jährig starb.

Als ich hier in Jesenik von diesem Freiherrn erfuhr, kam mein Geschichtswissen etwas durcheinander, denn zu Hause steht das Taschenbuch *Trenck - Roman eines Günstlings* (1926) von Bruno Frank. Ein Buch wie ein Film, ich habe es nicht nur einmal gelesen. Aber das ist ein anderer Treck, nämlich der Vetter des oben erwähnten Freiherrn, Friedrich Freiherr von der Trenck (1726-94). Dieser war im „Zweiten Schlesischen Krieg" (1744) Ordonanzoffizier Friedrichs des Großen (1712-86), was auf überragende geistige und soldatische Fähigkeiten schließen lässt und auch verbürgt ist. Wegen einer angeblichen Liebesaffäre mit des Königs hübscher Schwester Prinzessin Amalie und wegen eines harmlosen Briefverkehrs mit seinem österreichischen Vetter wurde Trenck verhaftet und kam als Gefangener auf die Festung Glatz. Von dort floh er zwei Jahre später und trat in österreichischen Dienst. Damit war er zum Verräter geworden. Als er wegen eines Todesfalls in die „Freie Stadt Danzig" reiste, kidnappten ihn die Häscher des Preußenkönigs unter Missachtung internationalen Rechts und brachten ihn auf die Magdeburger Festung Sternschanze. Nach einem erneuten Fluchtversuch wurde Trenck an Händen, Füßen und am Leib mit 68 Pfund schweren Fesseln angeschmiedet. Erst zehn Jahre später kam Trenk frei. Als Geschäftsmann bereiste er England und Frankreich, erledigte geheime Missionen für Maria Theresia und erhielt seine preußischen Güter zurück. Der Weinhandel führte ihn während der jakobinischen Terrorzeit der Französischen Revolution 1794 nach Paris. Robespierre ließ ihn als Spion guillotinieren. Drei Tage später verlor auch Robespierre seinen Kopf. So ist Geschichte: steinerne Zeugen gewinnen Leben durch Geschichten, und Menschen der Geschichte werden wieder lebendig angesichts der steinernen Zeugen.

Heute habe ich in einem großen Buchladen ein paar gute Karten gefunden, auch schon für die Slowakei. Zur Überbrückung fehlender Wanderkarten muss ich auf die Übersichtskarten zurückgreifen, was mit Risiken verbunden ist. Der Bus, der mich vormittags nach Reivitz bringen soll, geht vom Busbahnhof ab. Ich habe noch Zeit. So genieße ich eine Tasse Kaffee im Freien, direkt am großen zentralen Platz mit Springbrunnen und Rathaus. Ist heute letzter Schultag? Zeugnisausgabe? Tag der Abrechnung? Das muss es sein, denn wie ein Rinnsal, das immer mehr anschwillt, strömen Schulkinder an mir vorbei, zwischen 12 und 18 Jahren. Jeder trägt ein Mäppchen oder einen Ordner. Das Besondere: alle haben sich „verkleidet", d.h. schön gemacht, von „flippig" bis feierlich. Welch ein Spaß für mich! Ich erinnere mich an Opern- und Theaterbesuche mit meinen Schülern. Wir hatten vorher auch die „Kleiderfrage" besprochen. Denn das Besondere hat es verdient, dass man sich dafür schön macht.

Die vorbeiziehenden Mädchen hatten bei ihrer Kleiderwahl auf alle Fälle mehr Spielraum als die Jungen. Schwierig ist offenbar das Laufen in Absatzschuhen. Sie fühlen sich wie Damen, wollen sich auch entsprechend bewegen. Da gluckst mir schon mancher Lacher heraus. Den jungen Herren schlackern die Jacketts nur so um den Bauch, die weißen Hemdkragen sind viel zu weit, Turnschuhe senken erheblich das Niveau. Frisuren und Tollen, pomadisiert und besprayt, haben ihre Vorbilder sicherlich in der Medienwelt. Ich komme voll auf meine Kosten und verlängere mein Vergnügen mit einer weiteren Tasse Kaffee.

Nächtliches Leuchtfeuer

Der Bus braucht nicht lange von Jesenik bis Reivitz, einem touristisch beliebten, landschaftlich schön gelegenen Straßendorf. Kaum bin ich ausgestiegen, da bringt mir ein älterer Herr meine verdammte Mütze hinterher. Bayerische Wanderer gruppieren sich um ihren Anführer, der das angepeilte Ziel, ein „Sühne-Mal", in abgehackter bayerischer Intonation erläutert. Beim Vorbeigehen kann ich mir den Satz nicht verkneifen:„Dann sühnt mal schön!" Ein Weib schreit sogleich: „Und Siiiie???" - Ich: „Ich bin rein!" Höhnisches Lachen. Eine andere Frauenstimme: „Na, na, die Stillen, das sind die Schlimmsten!" Noch eine Keifstimme: „Kommen's mit, i würd' schon gern hör'n, was Sie beichten!"

Allgemeines Gelächter. Ich bin nun schon ein Stück weiter, hebe voller Ergebenheit meine Arme und bin kurz darauf, in bester Stimmung, auf meinem blau markierten Weg.

Heute kann ich abends nicht mit einer festen Unterkunft rechnen, also auch nicht mit einem stärkenden Mahl. So genieße ich vorwegnehmend am frühen Nachmittag in Hermanovice Gemüsesuppe, Knödel mit Gulasch, Eis und Kaffee. Es folgt ein unendlicher Aufstieg unter praller Sonne, querfeldein durch kahles Weideland. Kleine Kuhherden verharren bei meinem Erscheinen in starrer Angriffspose, nehmen schließlich reißaus. Als ich endlich zu Büschen und Bäumen gelange, ist Suchen angesagt. Hin und her, kreuz und quer - ich kann den weiteren Weg nur erahnen. Mein zusätzliches Wasserdepot muss für die drei weiteren Wegstunden nach Holovice reichen, das heißt „Dursten".

Langweilig, alle diese gleich hohen, gleich dicken Fichten! Staubtrocken, ohne Ende bergauf zieht sich der Pfad hin. Nicht im Leben, aber in den Bergen geht das Abwärts mit einer steigenden Gemütslage einher. Schau an, die Flora wird üppiger! Meine Ohren sind längst geschult im Erkennen des lieblichen Quellgesanges. Schnell ist der Becher bereit, ich gebe mich dem höchsten Genuss hin. Als würde man einen Reifen aufpumpen, so reagiert mein schlaff gewordener Körper auf das kalte Nass. Sekunden braucht es nur, und ich bin wieder straff und agil. J.G. Seume preist das Wasser:

> **Das Wasser aus den Bergen... war so schön und hell, dass ich mich im Januar hätte hineinwerfen mögen. Schönes Wasser ist eine meiner besten Liebschaften, und überall wo nur Gelegenheit war, ging ich hin und schöpfte und trank.**

Beflügelt stampfe ich zu Tal. Zweimal fühlen sich Hirsche bei ihrer Wiederkäuer-Siesta gestört, nur widerwillig grunzend machen sie einige Schritte nach seitwärts. Ein Fuchs macht mir mehr Spaß. Minutenlang trottet er vor mir her, schnuppert hier, schnuppert dort, setzt sich, kratzt sich, schaut mich an. Wilde Flucht? Denkste! Als würde er mich zum Spiel erwarten, steht er und beobachtet mein Näherkommen. Zwei, drei schnelle Sprünge, wieder steht er und dreht sich zu mir um. Den Sicherheitsabstand hält er klein, was bedeutet: „Kriegst mich ja doch nicht!" Ich enttäusche ihn. Gelangweilt von diesem Rucksackmenschen, schnürt Reinecke, die Nase am Boden, endlich mit schnellen Schritten davon. Ein wildes Tier ohne Angst.

Es ist 18 Uhr vorbei. Die ersten Häuser von Holovice sind in Sicht. In den Gärten lümmeln sich in Erwartung der nachlassenden Hitze die Menschen, man sitzt auf den Bänken vor dem Haus, trinkt und raucht. Feierabendstimmung. Auch ich sehne mich nach dem Feierabend.

Mein Plan, draußen zu übernachten, steht längst fest. Das Lauf-Soll ist geschafft, ich kann mich nach einem Lagerplatz umsehen. Hinter dem Dorf geht es steil hoch. Ich bin erpicht auf eine Wiese am Hang, mit Abendsonne, geschützt vor fremden Blicken. Nicht lange muss ich kraxeln, dann erfüllt sich mein Wunsch - mit einer Zusatzofferte: die Wiese war gemäht worden und bietet mir trockenes, duftendes Heu für ein weiches Nachtlager. Wenige Meter hinter mir sprudelt ein Bächlein. Der nahe Waldrand wirkt als schützende

Mauer. Ohne erst zu verschnaufen, harke ich mit den Fingern eine dicke Schicht Heu zusammen, breite den Biwaksack darüber, lege das Abendbrot aufs Küchenhandtuch, ziehe lockeres Zeug an und sitze kurz darauf wie Buddha, Rücken und Kopf an den Rucksack gelehnt. Ich bin mit mir zufrieden.

Solange es das Licht zulässt, gönne ich mir von meinem knappen „Leseproviant" einige Seiten aus Johann Gottfried Seumes Wanderroman *Spaziergang nach Syrakus im Jahre 1802*. Schnell bemächtigt sich die Nacht des langen Tages, ich muss mein Buch zuklappen. Der Himmel gibt sein spätes Farbenspiel zum Besten, von orange zu rot, von rot zu violett, es wechselt zu blauviolett, ultramarinblau, kobaltblau, ach, es sind Farben, die ich längst nicht alle benennen kann. Gegen den „hellen" Himmel hebt sich die Silhouette des Waldrands pechschwarz ab. Nun ist es dunkel.

Auf einmal beginnt für mich etwas Wunderbares, Märchenhaftes: leuchtend helle Funken sausen durch die Luft, erst einzelne, aber schnell zunehmend mehr und mehr, schließlich sitze ich inmitten eines stummen Lichtertanzes tausender kleiner Leuchtkörper. Ich muss nicht lange nachdenken: Leuchtkäfer haben sich gerade zu einer Lichterparty aufgemacht, deren Sinn es ist, ein „glühendes" Weibchen zu finden, das als „Johannis- oder Glühwürmchen" auf dem Boden hockt, um mit seinem Phosphorlämpchen einen Verehrer anzulocken. Ich habe Glühwürmchen schon mal in den Händen gehalten, aber einen derartigen Lichterreigen habe ich noch nie erlebt. Wie soll man da nicht verzaubert sein? Nach einem Weilchen fällt der Vorhang. Die Liebesglut ist erloschen. Sind nun alle Pärchen glücklich vereint? Zurück bleibt ein Traum.

Die Beskiden

Zur slowakischen Grenze

Zwischen Nordmähren mit dem Altvatergebirge und den im Osten beginnenden Beskiden dehnt sich die „Mährische Pforte", das industriell genutzte Ostrava-Becken mit der Stadt Ostrava (Ostrau). Nicht gerade verlockend für einen Fußwanderer. Ich will mich so lange als möglich in den Bergen vorwärts bewegen. Aber es wird unvermeidlich sein, über längere Strecken einen Bus in Anspruch zu nehmen. Nach dem Leuchtkäferabend begann der Weitermarsch um 7.30 Uhr. Von Albrechtice bringt mich der Bus zur tschechisch-polnischen Grenzstadt Krnov, wo ich mein karges Proviantdepot auffülle. Dumm von mir, denn nunmehr um einiges schwerer drückt mich der Rucksack in den folgenden Stunden auf dem ödesten Marsch der zurückliegenden Tage.

So schlecht sah das auf der Karte gar nicht aus, über Lichnov nach Horni Benesov. Aber... Schlief ich beim Gehen oder verpasste mir die Gluthitze einen „Blackout"? Jedenfalls übersah ich die Abzweigung. Umkehren? Ich bin schon zu weit. So trotte ich dahin wie ein Fremdenlegionär, die Augen starr auf den magischen, fernen Punkt gerichtet, wo perspektivisches Sehen die hitzeflimmernde Landstraße enden lässt und es doch kein Ende gibt. Hier die knappen Zeilen meines Tagebuchs:

War heute die blödeste Strecke, gewitterschwüle Hitze, geschmolzener Asphalt, rechts und links Häuser und Hütten und zur Erbauung ein Jauchewagen, der eine kilometerlange, elend stinkende Tropfspur hinterließ...

Auf einem Friedhof überstehe ich halbwegs trocken unter dicken, alten Bäumen einen Gewitterguss, helfe einer alten Bäuerin beim Absägen eines abgestorbenen Wacholderstrauchs am Grabe ihres Mannes und erfreue sie mit dem Besitz von Feuer, um das Grablicht anzuzünden.

Mit qualmenden Socken und hunderttausend Salzkristallen auf dem verschwitzten Rücken höre ich in einem sich hinziehenden Kaff von einem Bus nach Opava. „Na horuuu" (auf dem Berg), weisen mich mit unbestimmter Handbewegung zwei Mütter mit Kinderwagen nach links. Ein langer Weg bis zur Bushaltestelle. Eine Gruppe Jugendlicher albert dort herum, mustert mich neugierig. Ich fragte noch einmal: „Nach Opava?" Wie im Chor, freundlich, erschallt: „Na horuuu", aber nach rechts. Sie sagen mir sogar die Abfahrzeit. Sehr knapp, mir bleiben nur noch wenige Minuten. Verbissen trolle ich die Landstraße zurück bergab, dann wieder bergauf. Als ich bei der Station schwer atmend ankomme, hält auch schon mein Bus. Der nette Fahrer zeigt mir in Opava aus dem Bus heraus das Hochhaus-Plattenbau-Hotel *Koruna*. Alles erinnert mich hier an die heruntergekommenen Hotels in der Ukraine, aber was soll's - ich habe eine Dusche und ein Bett.

Am Freitag, dem 2. Juli, geht der Bus nach Hradec erst um 11.30 Uhr. In Hradec ahne ich nicht, dass mir ein harter Nachmittag mit 28 Kilometern bevorsteht. Zu Beginn strebe ich steil hinauf, zur malerischen, gepflegten Schlossanlage, wo ich über einen dicht am Boden abgebrochenen, verrosteten Metallpfosten stolpere und lang hinfliege. Der kilometerlange Weg durch den Schlosspark schützt mich mit seinen hohen Baumkronen vor der Sonnenhitze. Weiter, auf der schmalen Chaussee, schlägt der schmelzende Asphalt dicke Blasen. Ein klebriges Laufen. Das harmlose Städtchen Jacubcovice entpuppte sich als Falle. Dreimal umkreise und durchlaufe ich den Ort auf der Suche nach dem weiterführenden Wanderwegzeichen. Die Alternative ist die längere Strecke auf der stark befahrenen Landstraße. Ich entscheide mich für einen von mehreren Feldwegen, die kilometerweit die Ackerflächen durchziehen. Es ist schon ein Zufall, dass mein Blick einen verwilderten, verwucherten Pflaumenbaum mustert. So fangen meine Augen eine winzige Spur von Rot am völlig vom Gestrüpp verdeckten Stamm ein - es ist das ersehnte rote Zeichen.

Fluchend über die vergeudete Zeit und Kraft, aber doch froh, vertraue ich mich dem Weg an. Der unendlich weite Acker muss bezwungen werden, dahinter schlängelt sich ein schmaler Pfad durch eine glitschige, bremsenverseuchte Erlenwildnis. Später hebt sich das Gelände aus dem Sumpf, ich kann aufatmen. Doch nicht lange: Ein Sturm muss hier gewütet haben. Fichten, einzeln, doppelt, drei-, vier- und fünffach übereinander verbarrikadieren immer wieder den Weg. Sie zu umgehen ist manchmal unmöglich. Ich muss in gefährlicher Kletterei, bedroht von langen, trockenen, spitzen Ästen, hindurchklettern. Bergab drängt mein wilder Weg endlich an einen sprudelnden Bach. Die Erfrischung schenkt mir die Kraft für das letzte Stück nach Fulnek.

Es ist Zeit für den verdienten Feierabend. Drei Hotels vermerkt die Karte. Bloß kein Übermut! Das erste Hotel dient inzwischen nur als Kneipe, das zweite ist belegt. Etwas außerhalb liegt das Hotel „Amos". Engelsgleich, so erscheint es mir, empfangen mich dort zwei bildhübsche, junge, blonde Frauen, die Chefs des Betriebes, mit dem deutschen Erlösungswort „Ja". „Ja" steht für ein geschmackvolles Zimmer, für eine niveauvolle Atmosphäre, ein Super-Essen und eine freundliche, deutsch sprechende Bedienung. Den gut besuchten Gästeraum muss ich ohne meine durchnässten, dreckverkrusteten Trekkingschuhe in Socken betreten. Später im Bett meldet sich der durchgewalkte Körper, besonders die Füße leiden. Der linke große Zeh ist eine „Blaubeere", ihn ziert eine große Blutblase, die Haut darum herum glänzt glasig-rot, entzündet. Am rechten Fuß leuchtet der geschwollene Außenknöchel in rotem Glanz. Jetzt erst verspüre ich Schmerzen. Bis zum Einschlafen kühle ich die Bescherung mit nassen, kalten Handtüchern.

Der letzte Tschechien-Tag ist angebrochen. Ich will die besiedelten Gebiete schnell überbrücken. Alle Straßen führen nach Ostrava (Mährisch Ostrau). Der barocke Marktplatz von Fulnek, von wo aus ich weiter zu kommen hoffe, schläft noch. In Fulnek befand sich einst der Hauptsitz der Brüdergemeinde. Hier wirkte über drei Jahre der berühmte Pädagoge und Prediger Johann Amos Comenius (1592-1671), bis ihn 1621 plündernde spanische Truppen unter Verlust all seiner Habe vertrieben. Seine reformatorisch-pädagogischen Gedanken fanden in verschiedenen Ländern großen Anklang. Er hielt sich in Polen, England, den Niederlanden und Schweden auf. Immer wieder gab es reiche Mäzene, die ihn unterstützten. Nach sechs Jahren im ostpreußischen Elbing konnte Comenius 1648 nach Böhmen zurückkehren, wo er als Bischof der Brüdergemeinde tätig war. Allerdings fand sein durch weitere Kriegswirren und Glaubensanfeindungen bedrohtes Leben erst ab 1656 in Amsterdam die ersehnte Ruhe, wo Comenius auch starb.

Am Platz gibt es ein Info-Büro. Es ist geschlossen .Und das am Samstagvormittag? Ein alter Herr erkennt meine Ratlosigkeit. Er weist auf ein altes, wundervoll restauriertes Gebäude, dorthin sei die Information umgezogen. Das blutjunge Mädchen hinterm Schreibtisch hat Samstagsdienst. Sie spricht nur tschechisch. Ich erkläre, was ich möchte, sie befragt den *Laptop*, Ergebnis: Drei Stunden Wartezeit. Egal! Die Muße tut mir gut. Heute will ich an Laufen gar nicht denken. Meine Füße brauchen mal 24 Stunden Schonzeit. Da kommt mir die Notwendigkeit zu fahren gerade recht. Ich wähle mir eine Bank und habe Spaß am Treiben der Menschen. Der Bus kommt mit einer solchen Verspätung, dass ich an den Auskünften des Mädchens schon zweifelte.

Der nächste Tag ist ein reiner Fahrtag. Mein Wunschziel, Horni Becva, liegt nahe der slowakischen Grenze inmitten eines berg- und waldreichen Urlaubsgebietes, durchströmt vom temperamentvollen Bergfluss Roznovska Becva. Um dorthin zu gelangen, muss ich mehrmals mühselige Erkundigungen einholen. Stück für Stück, Bus für Bus - es geht über Ostrava - lege ich 100 Kilometer zurück. Dann habe ich die dichten, flachen Siedlungsgebiete endlich hinter mir. Jetzt umgibt mich die Bergwelt der Beskiden, ich atme auf. Dass ich in den Hotels von Horni Becva kein Zimmer bekomme, verwundert mich nicht, hier boomt der Tourismus. Aber das *Hotel Becva* kann mir ein *cottage* anbieten, eine Hütte mit allereinfachstem Standard, ohne Bad und Toilette. Das schreckt mich nicht, wäre doch die Alternative der heiße, anstrengende Weg nach dem kleinen Grenzort Bumbalka.

Meine peinliche Geschichte

Achtundvierzig Jahre ist es her, dass ich mich gezwungen sah, den Wirrwar ost- und südosteuropäischer Geschichte zu studieren, die Geschichte der von mir gerade durchstreiften Länder. Ich war damals als angehender Lehrer im Didaktikum und unterrichtete das Fach Geschichte in einer 10. Realschulklasse. Mir stand eine Unterrichtslektion vor einer mir nicht bekannten Anzahl von Professoren und Dozenten bevor. Thematisch ging es um die staatsstreichartige Übernahme der Regierungsgewalt in der Tschechoslowakei durch die Kommunisten im Jahre 1948. Dieses Ereignis nach dem Ende des Zweiten Weltkriegs stand exemplarisch für ähnliche Vorgänge in allen anderen ost- und südosteuropäischen Ländern. Um alles zu verstehen, musste ich mich in die Geschichte des Habsburger Reiches vertiefen, aus dessen Staatsgebiet diese Länder nach dem Sturz der Monarchie 1918 hervorgegangen waren. Dabei gingen mir damals „viele Lichter auf".

An einem sonnigen Maientag war es soweit, und mit einigen Wackersteinen im Magen radelte ich morgens die sechs Kilometer zur Theodor-Haubach-Realschule. Um nicht zu hetzen, war ich sehr zeitig aufgebrochen, rekapitulierte im Geiste noch einmal den „roten Faden" meiner Unterrichtslektion. Von weitem erblickte ich meinen Professor, wie er wartend, ungeduldig, in Anzug und mit offenem, weißem Hemdkragen vor dem Schultor stand, sein grauhaariger Charakterkopf spähte in meine Richtung. Schon kam er mir entgegen. Ahnungslos, aber etwas beunruhigt, schaute ich ihm in die Augen. „Mmm? Was ist?" fragte er, schaute mich an, schaute auf seine Armbanduhr. „Alles in Ordnung, ich will nur noch eine Tafelskizze anfertigen." - „Man wartet auf Sie, die Schüler und meine Kollegen. Sie sind seit fünf Minuten überfällig!" Ein eisiger Schreck durchfuhr mich. „Wieso, soll das heißen...?" - „So ist es, Sie müssen einen falschen Termin im Kopf haben." O Gott, aus irgendeinem Grund hatte ich mir eine andere Uhrzeit gemerkt. „Fassen Sie mit den Händen in Ihre Kette, sagen Sie, Sie hätten eine Panne gehabt."

Gesagt, getan, mit ölverschmutzten Händen, die ich mit dem Taschentuch zu säubern versuchte, betrat ich das Klassenzimmer. Die Schüler erhoben sich (damals standen die Schüler auf, wenn ein Lehrer die Klasse betrat), meine Augen streiften die hintere Stuhlreihe. Von den sieben Herren dort gehörten mehrere zur Hautevolee der Pädagogischen Hochschule. „Guten Morgen, setzt euch!" Meine hervorgebrachte Notlüge schien nicht so übel gewesen zu sein.

Ich merkte, wie die Story den Schülern gefiel und wie die unangenehme Spannung von ihnen abfiel. Mir ging es ähnlich.

Es folgte die Stunde. Ohne erst den stichwortartigen Stundenverlauf aus meiner Mappe zu nehmen, begann ich. Schritt für Schritt, mit dem parallel zum Unterrichtsgespräch entstehenden Tafelbild, mit der Gedächtniswiedergabe einiger Zitate und Texte, die ich eigentlich vorlesen wollte, nahm der Unterricht seinen Verlauf. Ohne den helfenden Spickzettel ließ ich vermeintlich Wichtiges weg, vergaß manches zu erwähnen. Meine größten Helfer waren die Jungen und Mädchen. Wie diese 16jährigen mitmachten! Nichts Besseres kann sich ein Lehrer wünschen!

Mit dem Klingelzeichen beendete ich die verkürzte Stunde. Mein Gefühl sagte mir: Es ist gelaufen. Bei der anschließenden Besprechung war das Fazit: Hätte ich mich streng an meinen Unterrichtsentwurf gehalten, hätte ich allen Stoff eingebracht, wie es mein Stundenverlauf vorsah, so wäre das Stundenziel stofflich und methodisch nicht zu erreichen, eine unbefriedigende Note das Ergebnis gewesen. Dagegen hatten sich die versteinerten Mienen der Herren im Verlauf der Stunde aufgehellt, und sie waren mit meiner Unterrichtspraxis und mit meinen „Improvisationen" zufrieden. Dennoch: Diese Unterrichtsstunde gehört zu meinen peinlichsten Erlebnissen und blieb eine einprägsame Lektion für mein weiteres Leben.

„Gott erhalte Franz, den Kaiser"

„...unsren guten Kaiser Franz..." - so sangen viele Österreicher damals ihre österreichische Kaiserhymne. Gemeint war Kaiser Franz Joseph I., jener gütig aussehende Großvater mit Schnurr- und Backenbart, jener Gatte der bezaubernden Kaiserin "Sissi". Dieser Mann regierte sein Riesenreich 68 Jahre lang, von 1848-1916. Ein Reich mit vielen Völkern, in der Ausdehnung von der Adria bis zum Schwarzen Meer, vom Erzgebirge bis zu den Karpaten. Man bezeichnete Österreich auch als die „K.u.K.-Monarchie", weil zum Kaiserreich auch das ungarische Königsreich gehörte. Hundert Jahre vor Franz Josephs Regierungsantritt hatte die junge Maria Theresia unter komplizierten Umständen den Kaiserthron bestiegen - eine labile Lage, die der junge Preußenkönig Friedrich II. 1740 kühl berechnend zum Raub Österreichisch-Schlesiens nutzte. Seine reiche Beute musste Friedrich später im Siebenjährigen Krieg gegen die drei Großmächte Österreich, Frankreich und Russland verteidigen. Das brachte ihm im europäischen Mächtekonzert viel Respekt und bei seinen Untertanen den Beinamen „der Große" ein. Nach sieben Kriegsjahren waren Preußens Ressourcen an Soldaten und Material so gut wie erschöpft. Ein Zitat von Friedrich ist überliefert:

Ich bin zu Tode erschöpft, weil ich zwei Weiber (Maria Theresia, Zarin Elisabeth) am Halse habe.

Dank Elisabeths Tod und der Nachfolge ihres preußenfreundlichen Adoptivsohnes Peter, des Gemahls der anhaltinischen Prinzessin und späteren „Katharina der Großen", ging der Krieg ohne Preußens Niederlage zu Ende. Auch in

Schneekoppe

In der Niederen Tatra

Slavkovský chít (2452m)

Hohe Tatra

Blick von W. Ratitis, 2021

Karpaten

einem dritten Krieg, 1866 bei Königsgrätz, besiegte der kleine deutsche Bruder Preußen seinen großen deutschen Bruder Österreich.

Franz Josephs ganzes Sinnen und Trachten während seiner gesamten Regierungszeit war der Zusammenhalt der vielen Völker unter dem kaiserlichen Schirm. Keine leichte Sache, und sie wurde bis zum Ende des 19. Jahrhunderts immer schwerer. Die Völker strebten nach Selbständigkeit, die Stunde der Nationalisten war gekommen. Im Ersten Weltkrieg sahen viele die Chance, sich aus der Herrschaft der Habsburger zu lösen. Im Versailler Vertrag operierten die Siegermächte mit der Formel vom „Selbstbestimmungsrecht der Völker" des amerikanischen Präsidenten Wilson. Das geschlagene Habsburger Reich löste sich in kleine Nationalstaaten auf. Aber das „Selbstbestimmungsrecht" schuf durch den Verbleib großer Minderheiten in den jungen Staaten neue, gefährliche Ungerechtigkeiten. Zum Beispiel lebten in der neu gegründeten Tschechoslowakei fast 25% Deutsche (vorwiegend Sudetendeutsche). Durch ungeschicktes Handeln der Regierung wuchs der Wunsch dieser großen Minderheit, die im alten Reich einen relativ hohen Status hatte, ihr Gebiet an Deutschland anzubinden.

1938, im„Münchener Abkommen" setzte sich Hitler gegenüber der britischen und französischen Regierung zu Lasten der Tschechoslowakei durch. Die Schwäche und Wankelmütigkeit beider großer Demokratien lud den Diktator förmlich zu weiteren Gewaltakten ein. Nach seinem Machtantritt hatte Hitler die Sudetendeutschen geschickt dazu benutzt, um seine aggressive slawenfeindliche Politik voranzutreiben. Nach Kriegsende erwartete die deutsche Volksgruppe dann ein grausames Schicksal. Freischärler, tschechischer Geheimdienst und Angehörige der tschechischen Armee übten mit Terror, willkürlichen Erschießungen und Vertreibung grausame Rache. In den meisten der beim Zerfall des Habsburger Reichs neu entstandenen Staaten übernahmen faschistische Parteien die Macht, von Demokratie war dann keine Rede mehr. Ist es da verwunderlich, dass sich Generationen von Menschen schon bald nach der „guten alten Zeit" unter Kaiser Franz Joseph sehnten?

> Über blühende Gefilde reicht sein Zepter weit und breit,
> Von seines Wappens Schilde strahlet die Gerechtigkeit

Hinter Bumbalka beginnen die Beskiden

Auf nach Bumbalka! Bumbalka - klingt das nicht wie ein Märchen? Zumindest ist der tschechisch-slowakische kleine Grenzort ein Tor in die Beskiden, einer Fortsetzung der Sudeten. Bis jetzt liegen etwa 460 Bergkilometer hinter mir. Aber bevor ich in Bumbalka mein „Radler" trinken werde, genieße ich erst einmal in aller Herrgottsfrühe im separaten Wasch-, Dusch- und Sch...haus ausgiebig ein warm-kaltes Wechselduschbad. Und siehe! Was mir nachts im Halbschlaf auf dem Bauch ziepte und juckte, kommt jetzt ans Tageslicht: ein Zeckenvieh, noch immer im Blutrausch und mit Zapfen beschäftigt! Blutgefüllt hat es die Größe einer Erbse. Für den Rest seines Lebens hätte es damit ausgesorgt. Ihre Gier muss die Zecke jetzt mit dem Tode bezahlen. Ich drehe die „Erbse" um 360° und zertrete sie auf dem Boden, auf meinem Bauch bleibt eine gerötete Stelle zurück. Lustig an der Geschichte ist, dass ich gestern eine Zeitung gekauft hatte und auf eine Seite gestoßen war, die sich ausschließlich der Zecke widmete. Der Abschreckung halber war das Monster um ein Vielfaches größer abgebildet, hinzu kamen ausführliche Informationen. Meine letzte Zecke hatte ich vor 17 Jahren auf der Nordseeinsel Langeoog.

Um 6.30 Uhr lege ich den *Cottage*-Schlüssel auf den verlassenen Tresen der Hotelrezeption. Es folgt bei frischer Morgenluft der lange Aufstieg von 500 Höhenmetern auf 1024 Meter. Zehn Kilometer weiter belustigt mich auf der Terrasse eines Gasthauses in Bumbalka das dröhnende Gelächter einer Gruppe jüngerer Radfahrer, die sich an ihrem Frühschoppen laben. Meine Antwort auf ihre Frage nach dem Wohin und Woher erscheint ihnen wie ein Witz: „Ich will in der Slowakei einige Touren machen, danach in den ukrainischen Waldkarpaten, später in den rumänischen Karpaten wandern." Weil ihr Gelächter aber so herzlich klingt, stimme ich mit ein.

Der Märchenname „Bumbalka" verspricht mir eine märchenhafte Tour. Ich halte mich an einen Kammweg, der für ein Weilchen die Bezeichnung des Europäischer Fernwanderwegs E3 führt. Höhen und Tiefen wechseln in einem erträglichen Maß, der artenreiche Wald regt meine Schaulust an. Blühende Waldwiesen bewegen mit ihren Farben, ihrem Duft und dem Summen unzähliger Insekten meine Märchenphantasien. Hin und wieder fällt mein Blick auf kleine Blockhäuser.

Korna liegt in einem engen Tal. Anderthalb Stunden bin ich der heißen Nachmittagssonne noch ausgesetzt, bis ich am Ortsende zu dem anvisierten Hotel komme. Aber es ist eingerüstet, eine Baustelle. Meine Hoffnung, es könnte geöffnet sein, sinkt fast auf Null. Die Eingangstür lässt sich öffnen. Ein junger Mann begrüßt mich freundlich auf Englisch, spricht dann sogar deutsch. Ich kann hier übernachten und essen. Das ist Glockengeläut für das eine Ohr, das andere Ohr füllt sich mit dem Donnern und Krachen einer heranziehenden, pechschwarzen Gewitterfront. Schon schüttet es wie aus Eimern. Wieder mal Glück gehabt! Später hilft mir der junge Juniorchef beim Aufschreiben bestimmter Redewendungen, die ich gerne lernen möchte.

Der folgende Montag ist, wie ich erfahre, ein kirchlicher Feiertag. Was für die Allgemeinheit herrlich ist, quittiere ich mit einem Fluch. Ein langer Strom fein gemachter Menschen folgt dem lockenden, vielleicht auch verpflichtenden Geläut ihrer Kirche. Andere haben sich zu Radausflügen verabredet. Mit Kind und Kegel genießt man diesen Ferientag. Für mich ist das ein Debakel. Ich muss wieder einmal ein großes Siedlungsgebiet per Bus überbrücken. Selbst die Einheimischen sind sich uneins über die Ankunftszeiten der Busse. Ewig dauert es, bis ich über Cadca, Krasno in Novaja Bystrica ankomme. Aber ich will weiter! So weit wie möglich!

Zwei Stunden habe ich bereits gewartet. Fatalistisch überlasse ich mich der Ungewissheit. Irgendwann muss ja mal ein Bus kommen! Plötzlich höre ich verständliche Laute. Das klingt nach „schwäb'sche Spätzle". Ein beleibter Herr um die fünfzig taucht auf, ich überrasche ihn mit meinem „Guten Tag". Wir kommen ins Gespräch. Er wohnt in Ravensburg, hat dort einen kleinen Handwerksbetrieb. Mit seiner slowakischen Ehefrau verbringt er hier einige Tage in ihrer Heimatstadt. Sie ist vierzig, er vierundfünfzig. Sie haben einen kleinen Sohn. Er schimpft, die Frau sei Alkoholikerin und ließe den Haushalt verkommen. „Ich lasse mich scheiden!" Jetzt hat er sich mit dem Sohn aufgemacht, um eine spezielle Sorte Mozarella zu kaufen, die er für sein Lieblings-Nudelgericht braucht.

30 Minuten später, ich warte immer noch auf einen Bus, hält ein Mercedes, es ist der Nudelfreund: „Vielleicht krieg' ich die Mozarella in Stare Bystrica, kommen Sie, ich nehme Sie mit!" Hinten im Auto sitzt sein slowakischer Schwager, barfüßig, mit bloßem Oberkörper und in Schlabberhosen, umweht von Alkoholdunst und nicht gerade frisch im Gesicht. Aber er ist freundlich. Mein Schwabe quatscht ein solches Urschwäbisch, dass ich ihn kaum besser verstehe als einen Slowaken. Ich beteilige mich mit vagen Einwürfen, wie „ja", „richtig", „tatsächlich?" „Junge Junge", "allerhand", aber es genügt, sein Mitteilungsbedürfnis am Laufen zu halten. Gott sei Dank bekomme ich in Stare Bystrica ein Hotelzimmer. Kaum habe ich es betreten, als ein Hitzegewitter mit Blitz, Donner und Regen Plätze und Straßen vom bunten Menschengewimmel leer fegt.

Die Niedere Tatra lockt

Am Westrand der Niederen Tatra liegt der Ferienort Donovaly auf 980 Meter Höhe. Von dort aus will ich auf einem Fünftagemarsch dieses Gebirge durchwandern. Die Kurzbeschreibung des Kammweges soll mir als Orientierung dienen. Nun muss ich nur noch auf dem kürzesten bzw. schnellsten Wege nach Donovaly gelangen. Wie das geschehen soll, kann man den Landkarten nur ansatzweise entnehmen. Die Buslinien folgen nicht unbedingt den dicksten Straßen oder den kürzesten Verbindungen zwischen großen Orten. Wie immer verschaffe ich mir durch Befragungen mehrerer Leute an Haltestellen einen vagen Überblick über die Busrouten. Dann folgt das Aufsuchen bestimmter Haltestellen oder Busbahnhöfe, zu denen ich mich ebenfalls durchfragen muss.

Heute jedenfalls habe ich dank meines Verzichts auf das Frühstück den Frühbus nach Cadca - wo ich gestern schon mal war - bekommen. Cadca ist groß, von Bahnlinien und Schnellstraßen zerschnitten, hat Industrievororte. Der Busfahrer setzt mich auf meine Frage nach einer Verbindung an einer äußerst öden Stelle ab. Der Fahrplan an der Haltestelle sagt nichts von Silina, die Menschen zucken mit den Schultern, bevor sie in einem haltenden Bus verschwinden. Immer wieder stehe ich dann ganz allein auf weiter Flur. Eine junge Frau, sportlich gekleidet, mit dunklem Lockenkopf und klugen Augen wird meine Helferin. Nachdem sie über verschiedene Busverbindungen im Stadtzentrum nachgedacht hat, kommt sie zu dem Ergebnis, dass ich am besten die Bahn benutze. Sie macht keine Umstände, mich zum Bahnhof zu bringen. Wir können uns sogar unterhalten, denn diese Frau ist stolz, ihr Schul-Englisch nutzbringend einzusetzen - mir geht es ja kaum anders. Sie ist eine leidenschaftliche Bergwanderin und freut sich, dass ich mir die Niedere Tatra ausgewählt habe. Im Bahnhof erkundigt sie sich nach Bahnsteig, Abfahrzeit und dem Anschlusszug nach Ruzenborok. Ich bin happy, lade sie zum Kaffee ein, und schnell verstreicht die Zeit bis zur Abfahrt.

Alles klappt wie am Schnürchen. Um 12.30 Uhr bin ich schon in Ruzenborok. Am Busbahnhof hilft mir auf meine Frage eine etwas pennerhafte Gestalt, die in Eigeninitiative (Ich-AG?) mit Wassereimer, Spüli und einer großen Bürste die Frontscheiben der einfahrenden Busse putzt. Dafür geben die Fahrer ihm ein paar Münzen. „In 30 Minuten kommt der Bus nach Bratislava zur Plattform zwei. Der hält in Donovaly." So bleibt mir noch Zeit, mich mit einer Flasche Bier bei ihm zu bedanken. Der Bus ist pünktlich. Endlich geht es wieder in die Berge! Eine Stunde, immer bergauf, quält sich mit dröhnendem Motor das alte Vehikel der Marke „Tatra". Donovaly! Ich sehe nur verstreute, die kahlen Berghänge sprenkelnde Hotelneubauten. Ein feuchtwarmer Hitzeschwall nimmt mir nach dem Aussteigen fast den Atem. Darum peile ich das nächstliegende Hotel an. Noch ehe ich recht weiß, wo ich bin, setzt mit überfallartiger Plötzlichkeit ein Regensturm ein. Umso größer ist mein Wohlbehagen, als ich zwar pitschenass, aber mit einem Zimmerschlüssel in der Hand, dem Unwetter hinter der Fensterscheibe meines Hotelzimmers zuschaue.

Auf dem Kamm

Wie tut es doch wohl, endlich wieder auf der Piste zu sein! Fast zwei Fahr-, Warte- und Gammeltage reichen mir bis obenhin. Jetzt wird das Leben hoffentlich wieder einfach. Was zählt, sind Laufen, Essen, Schlafen. Gestern hatte ich das Gepäck um weitere 800 Gramm erleichtert. Da musste vom großen Mal-Tagebuch der dicke Pappdeckel dran glauben, vom Slowakei-Reiseführer blieb nur übrig, was an meiner Route liegt, von den aus Deutschland mitgenommenen Karten waren mir einige große, schwere Rumänienblätter ein Dorn im Auge. Ich werde sie nicht brauchen, also weg! Ja, Papier kann was wiegen! Warum bin ich nach 22 Wandertagen noch mal ein solcher „Gewichts-Radikaler"? Weil, laut Wanderführer, auf dem Kammweg „die Möglichkeiten zur Ergänzung der Vorräte fehlen".

Am Abend habe ich fünf kleine Proviantbeutel vorbereitet und verstaut, für jeden Tag einen. Viel trockenes, leichtes, kalorienhaltiges Zeug: Nüsse, Trockenfrüchte, getrocknetes Brot, Müsliriegel, dazu Käse und harte Wurst. Satt werde ich davon nicht werden, dazu fehlt es an Magenfüllern. Über den ersten Tag der Wanderung lese ich im Wanderführer für die Niedere Tatra:

> Schwere, anspruchsvolle Hochgebirgstour, dank ihres Höhenunterschieds und ihrer Länge... Wanderdauer 10½ Stunden.

Bis zum frühen Morgen schlug der Regen an mein Fenster, aber als ich um 5 Uhr das Hotel verließ, zeichnete sich bereits ein Schönwettertag ab. Es wäre mir schwer gefallen, hier noch einen Tag zu hocken. Weil ich gestern ausgekundschaftet hatte, wie ich auf den richtigen Pfad gelange, gibt es kein Startproblem. Ich hasse es, einen Wandertag mit Sucherei und Zeitverlust zu beginnen. Meinen Wasservorrat will ich erst an einer beschriebenen Quelle auffüllen, das wird nach zwei Stunden sein.

Stetig steigt der Weg an, es ist mehr ein Wurzelpfad, der sich durch den allgegenwärtigen Fichtenwald schlängelt. Das Herz pocht schnell und gleichmäßig, der Sauerstoffbedarf wird tief und keuchend gestillt, mein Hemd nimmt die Farbe „schweißnass" an. An einer offenen, kleinen Schutzhütte packen drei Männer nach der Übernachtung ihr Zeug zusammen. Mein Gott, das sieht aus wie vor einer Expedition! Sie bieten mir ein hochprozentiges, klares Wässerchen an. Ich lache und mache ihnen deutlich: „Lieber nicht, dann schaffe ich es nicht bis oben. Aber vielleicht kann ich meinen Durst mit echtem Wasser stillen?" Denn ich habe ihren großen Wasserkanister im Blick. Was bürden die sich bloß auf! Mit großen Schlucken erleichtere ich die Bürde. Und weiter geht's! Nach einem leichten Abstieg zum flachen Wiesensattel werde ich bis hinauf auf den kahlen, 1225 Meter hohen Gipfel des Kecka ordentlich gefordert. Aber in den Bergen gilt das Spielchen: wie gewonnen, so zerronnen - meine 300 Höhenmeter muss ich wieder zurückgeben. Als ich den Sattel Hiadelske sedlo, 1099 Meter hoch, erreicht habe, befinde ich mich nach dreieinhalb Stunden gerade mal 100 Meter höher als mein Ausgangspunkt in Donovaly.

Ich starte den nächsten Angriff, diesmal auf den Prasiva (1652 m). Das Höhenprofil meines Wanderführers verlangt mir Respekt ab: eine Steigung zwischen 45 und 50 Grad wartet auf mich! Wieder arbeite ich mich durch die Waldregion mit Fichten, Bergahorn und vereinzelten Vogelkirschen. Meine körperliches Empfinden pendelt zwischen „anstrengend" und „verdammt anstrengend". Es ist nicht nur ein Kampf mit der Steigung. Damit keine Langeweile aufkommt, ist der Pfad bestückt mit kleinen steilen Buckeln, ausgewaschene Rinnen, Klamotten, Wurzeln und den Fangarmen zäher Büsche. Im Bereich der kleinen Krummholzkiefern herrschen Sonnenschein und Helligkeit, aber die Biester versuchen alles, mir ein Bein zu stellen, den Rucksack festzuhalten und das Gesicht schmerzhaft zu tätscheln - so eng ist der Durchmarsch. Endlich, nach zwei Stunden, ist es geschafft! Um diese Mittagsstunde sind hier vielleicht gerade mal 20 Grad, während unten alles unter der Hitze stöhnt. Ich gönne mir die verdiente Pause. Hemd und Socken trocknen auf der wie abgemäht erscheinenden Almwiese, ich trinke, kaue Brot und Trockenobst. Die nackte Haut entspannt in der milden Sonnenwärme. Erstaunlich, dass die Regeneration so schnell vor sich geht. Schnell ist mein Puls unter 60. Aber das ist ja kein Wunder, habe ich doch schon über 500 Kilometer in den Beinen.

Ganz oben bin ich noch nicht. Der Kamm wird schmal, die Hänge fallen nach beiden Seiten steil ab. Was für ein berauschender Fernblick! Ich kann den vor mir liegenden Weg im lichten Grün des Berggrases kilometerweit überschauen, bis zum höchsten Punkt des heutigen Tages. Es ist der Velka Chochula, 1753 Meter hoch. Die nächste Wasserstelle ist an der Schutzhütte am Sattel Sedlo Durkova. Dorthin zu kommen, ist für mich ein „Muss", denn der Durst wird's erzwingen. Ich schätze, 15-16 Kilometer liegen noch vor mir. Gegen 16 Uhr liegt die Schutzhütte 70 Meter unterhalb meines Standorts auf dem Sedlo Durkova (1709 m). Ich steige hinab, bin der erste Gast. Sogar ein (teures) Bierchen steht mir zur Verfügung. Der Hüttenwirt, ein großer, finsterer, schwarzbärtiger Kerl, spricht etwas englisch. Nach und nach treffen paar- und rudelweise zumeist junge Wanderer ein. Es ist Wochenende. Als der Wirt um 19 Uhr den Dachboden zum Übernachten freigibt, ist im Nu jeder Meter des Schlafbodens besetzt. Ich ergattere mir sogleich, lufthungrig wie ich bin, einen Fensterplatz. Wie die Heringe liegen wir nachts auf den Schaumstoffmatten nebeneinander.

Um 5 Uhr erhebe ich mich von meinem Lager, stopfe meine Sachen in den Rucksack, steige über Beine und Körper hinweg und die Stiege hinunter. Im Schuhregal herrscht Durcheinander, aber meine Treter sind schnell gefunden. Anschließend am Quellbach Waschen, Zähneputzen und den Wasservorrat auffüllen. Der sehr steile 70-Meter-Aufstieg hoch zum Sattel und zu dem roten Wegzeichen des E8 gibt mir an diesem kühlen Morgen die Wärme zurück. Nach den vielen Menschen der letzten Stunden herrscht nun Einsamkeit ringsum. Jeden Menschen werde ich schon kilometerweit als Pünktchen auf der lehmfarbenen Linie des Weges ausmachen. Mich umfängt die phantastische Atmosphäre des frühen Morgens, das Himmelspurpur, die prickelnde Kühle das tauglitzernde Gras.

Aus dem Leben eines Taugenichts

In der Tourenbeschreibung des zweiten Tages las ich gestern:

> Der zweite Tag auf dem Kamm ist sehr anspruchsvoll und lang. Deshalb ist es ratsam, schon bei Tagesanbruch aufzubrechen.

Der Kammweg führt mich wellenartig, mit leichter Abwärtsneigung. Das sieht nach Erholung aus und ist es auch. Verwundert es, wenn mir, und das nicht zum ersten Mal, Joseph Eichendorffs „Wem Gott will rechte Gunst erweisen..." über die Lippen kommt? Einmal gesungen, zwanzigmal gepfiffen.

Der erste Sänger dieses Liedes hieß übrigens „Taugenichts" und war die Hauptperson von Eichendorffs romantischer Novelle *Aus dem Leben eines Taugenichts* (1826). Er ist jung, fröhlich, verbringt die meiste Zeit damit, Volkslieder zu singen und zu schlafen. Sein Vater, ein Müller, hatte ihn mit den Worten fortgeschickt:

> Du Taugenichts, da sonnst du dich schon wieder und dehnst und reckst die Knochen müde und lässt mich alle Arbeit tun! Nun geh mal hinaus in die Welt und sorge für dich selber!

So zieht er mit seiner Geige los.

> Mir war es wie ewiger Sonntag im Gemüt... Ich hatte recht meine heimliche Freude, als ich da alle meine alten Bekannten und Kameraden hinausziehen, graben und pflügen sah, während ich in die freie Welt hinausstrich.

Zwei Damen, die ältere wird als „Gräfin" tituliert, nehmen ihn in ihrer Kutsche mit.

> „Ei, lustiger Geselle, er weiß ja recht hübsche Lieder zu singen. Wohin wandert er denn schon so am frühen Morgen?" Da schämte ich mich, dass ich es selbst nicht wusste und sagte dreist: nach Wien... Hinter mir gingen nun Dörfer, Gärten und Kirchtürme unter, vor mir neue Dörfer, Schlösser und Berge auf.

Bis in die Ukraine laufen? Hahaha!

Start in die Slowakei

Endloses Warten auf den Bus

Noch ein weiter Weg bis zum Hotel

Auf dem Kamm der Niederen Tatra

In der Hütte

Am frühen Morgen geht's weiter

Ganz hinten die Zinnen der Hohen Tatra

Mittlere Kammhöhe 2000 Meter

Im Garten eines Schlosses, bei dem die Fahrt endet, kann er als Gärtnerbursche arbeiten. Er himmelt die jüngere der beiden Damen, „die allerschönste Dame" an, hat Liebeskummer. Arbeiten? Aber nein! Das ist ihm zu anstrengend. Sobald der Obergärtner ihm den Rücken kehrt, legt er sich unter einen Baum, raucht sein Pfeifchen, erfreut sich an den Schmetterlingen und träumt von seiner Liebe zu Aurelia.

Die Herrschaft des Schlosses verschafft ihm bald einen Job, bei dem er jeglicher Mühe enthoben ist: als Zolleinnehmer im Zollhaus neben der Landstraße. Da braucht er seinen Schlafrock, Schlafmütze und Pantoffel überhaupt nicht mehr auszuziehen. „Der Schlafrock stand mir schön zu Gesicht". Liebeskummer und Eifersucht treiben den Taugenichts bald weiter. Unterwegs fragt er einen Bauern: „Können Sie mir nicht sagen, wo der Weg nach Italien geht?" Der Bauer nennt ihn „Faulenzer", er den Bauern „Knollfink". Abends spielt er in den Dörfern lustige Ländler auf der Geige, und das junge Volk tanzt. Manchmal aber

> kam mir die Welt auf einmal so entsetzlich weit und groß vor, und ich so ganz allein darin, dass ich aus Herzensgrunde hätte weinen mögen...

Zwei junge Maler nehmen ihn mit der Postkutsche mit nach Italien.

> Der Postillon blies lustig auf dem Horne, und so ging es frisch nach Italien hinein... Was der Mensch doch nicht alles erfährt, wenn er sich einmal hinterm Ofen hervor macht...

Über sich selbst räsoniert er:

> Ich hatte in Italien so ein gewisses feuriges Auge bekommen, sonst aber war ich gerade noch so ein Milchbart wie zu Hause gewesen, nur auf der Oberlippe zeigten sich feine Flaumfedern.

In Italien erlebt er ein paar amouröse Abenteuer, durchschaut aber nicht, was sich abspielt. Die Reise des Taugenichts wird insgeheim von der Gräfin des Schlosses dirigiert. In Rom bekommt er einen Brief von Aurelia zugespielt:

> Kommen, eilen Sie zurück. Es ist so öde hier und ich kann kaum mehr leben, seit Sie von uns fort sind.

Er kehrt heim. Unterwegs trifft er drei Studenten aus Prag mit ihren Instrumenten. Zu seinem Geigenspiel bemerken sie:

> Der Herr hat sich in Italien den deutschen Geschmack verdorben.

Ihre Bildung imponiert ihm:

> Ich bekam einen ordentlichen Respekt vor ihnen, besonders, da ihnen das Latein nur so wie Wasser von dem Munde floss...

Mit dem Postschiff geht es auf der Donau zurück, bis er vom Fluss aus das Schloss und das Zollhäuschen wiedererkennt. Die Gräfin hatte längst eine Hochzeit für ihn und Aurelia (die nicht adelig, sondern ein Waisenkind gewesen und vom Pförtnerpaar adoptiert worden war) inszeniert. Auf dem Schlossgelände umringten ihn eine Menge kleiner Mädchen. Sie hielten eine lange Blumengirlande und sangen dabei:

> Wir bringen dir den Jungfernkranz
> mit veilchenblauer Seide,
> wir führen dich zu Lust und Tanz
> zu neuer Hochzeitsfreude.

Das war aus dem „Freischützen".

Der Taugenichts war „voller Konfusion des Herzens". Aurelia

> lächelte still und sah mich recht vergnügt und freundlich an, von ferne schallte immerfort die Musik herüber und Leuchtkugeln flogen vom Schloss durch die stille Nacht, und die Donau rauschte dazwischen herauf- und es war alles, alles gut.

Warum wurde Joseph von Eichendorffs Novelle wohl so populär? Widersprach der Taugenichts nicht völlig allen deutschen Tugenden? Vielleicht lebte er die geheimen Sehnsüchte der Menschen, lässt sie wenigstens mitträumen. Theodor Fontane bezeichnet ihn in seiner Biographie *Zwischen zwanzig und dreißig* als „die liebenswürdige Type einer ganzen Nation..." Fontane hatte Eichendorff 1854 „im engen Kreise" bei einem Dinner kennen gelernt und war von dieser Begegnung tief beeindruckt. Kein anderes Volk habe ein solches Buch, wo sich

> auf wenigen Blättern und mit der Naivität eines Märchens die tiefsten Seiten unseres Lebens erschließen...

Begebe ich mich beim Reisen in die Ferne nicht auch mit einer Portion Naivität von dannen? Neige ich nicht auch zur Schwärmerei? Zumindest suche ich auf Reisen nach Märchen. Diesen Zustand zu erlangen, ist eine bestimmte Form von Glück. Die schöne Landschaft, das schöne Wetter, ein körperliches und seelisches Wohlgefühl in ungestörter Einsamkeit - das ergibt in mir die „Droge" namens „Gleichklang mit der Natur".

Jetzt eben beginnt sie wieder zu wirken. Weder Durst, noch Hunger, noch Schmerz, noch dumme Gedanken beeinträchtigen Körper und Geist. Mein weiterer Weg verlangt mir nicht mehr das Letzte an Willen und Kraft ab, ich treibe dahin, der Weg ist zu dieser Zeit ganz und gar meiner. Ich mache meine erste Bekanntschaft mit Murmeltieren (hier selten!): wie sie sich possierlich recken und Ausschau halten! Auch einige Exemplare der seltenen „Tatra-Gemsen" beäugen mich aus der Distanz - nicht aufdringlich neugierig, wie es Menschen oft tun, sondern Gelassenheit vortäuschend, als rupften sie Gras. Meine Harmonie ist vollkommen: Ich und die Natur. Oder besser: Ich bin Natur.

Vorsicht Schutzhütte

Vier Gipfel gab es heute zu überwinden: den Chabenec (1955 m), den Derese (2003 m), den Chopok (2024 m) und den Dumbier (2043 m). Dazwischen geht es natürlich immer wieder bergab, mal 200 Meter, mal 300 Meter. Jeder Gipfel sticht mit seiner grauen, felsigen Kuppe vom Lindgrün und Gelbgrün der Umgebung ab. Hinter dem Chabenec wird es schroff, bizarr und nach beiden Seiten steil, eine interessante Abwechslung. Am Chopok wuselten viele Menschen umher, ein Lift machts möglich. Hier konnte ich sogar ein Süppchen schlürfen.

Die Schutzhütte Stefanika, Ziel des zweiten Wandertages, liegt auf 1740 Meter Höhe. Am späten Nachmittag weckt der weite, verdünnte, blaue Himmel kein Bedürfnis nach dem Schutz einer Hütte. Noch mal auf engstem Raum mit Menschen zusammen sein? Nee! Wichtig ist mir nur der kalte Quellbach, 200 Meter entfernt. Ohne ihn würde die Hütte hier nicht stehen. Die zurückgelassene Hitze und Anstrengung, die Ströme vergossenen Schweißes machen mich zum x-ten Male zu einem Anbeter dieser Naturerscheinung, die mir zugleich zu mehreren Genüssen verhilft: Trinken in vollen Zügen, die Füße baden, bis sie gefühllos sind und ein Ganzkörper-Bad. Schnell erlebt der Körper nun den Übergang von eisiger Kälte zu wohliger Wärme. Besser kann ich mich nach dem anstrengenden Wandertag nicht fühlen.

Für die Nacht unter freiem Himmel einen geeigneten Platz zu finden, macht Mühe. Es gibt kaum eine waagerechte Fläche. Der nördliche Abendwind nimmt spürbar zu, da braucht man einen natürlichen Windschutz. Pfad und Hütte sollen anderen Menschen keinen Einblick auf meine Lagerstätte geben. Ich finde eine halbwegs gute Stelle. Um einen angenehmen Abend zu verleben, greife ich Malzeug und Pullover und steige hoch bis zum scharfen Felsgrat und darüber hinweg. Dort kann ich im Windschatten sitzen und die milde Abendsonne lange auskosten. Das Panorama verspricht ein angenehmes Malen. Ich beobachte, dass aus den Tälern Wanderer hochkommen, um hier in der Hütte zu übernachten. Eine gemischte Jungen- und Mädchengruppe, vielleicht Studenten, wirkt auffallend ausgelassen, frisch und kein bisschen fußlahm. Als sich die Sonne verabschiedet, fällt die Temperatur empfindlich. Mir reicht's. Zeit, „in die Falle" zu gehen!

Viel Volk hat sich vor der Hütte versammelt. Wochenende... Ich klopfe mir innerlich auf die Schulter für meine Entscheidung zum Biwaklager! Gegen den penetranten Wind wälze ich einige große Steine herbei und schichte sie auf. Am Nachthimmel zeigt sich die weißgelbe Mondsichel. Schnell hinein in die schützende Hülle! Nach einigem Hin- und Herwälzen liege ich einigermaßen. Tief durchatmen, die Gedanken purzeln lassen, dann bin ich weg. Zwei Stunden später werde ich genau so schnell geweckt. Drei Wanderer packen wenige Meter neben mir ihre Rucksäcke aus. Sie wollen kampieren. Es ist dunkel, 23 Uhr. Mannomann, ist das ein Gewurstel, Geklapper, Gekrame und Gequatsche! Jeder fuchtelt dabei mit seiner Taschenlampe durch die Gegend. Nervend! Anspannung und Enttäuschung machen mich mehr als wach! Die kochen sogar noch eine Suppe! Sind sicher nette Typen. Ich versuche mich verstandesmäßig zu beruhigen, sehe sie nicht mehr als Eindringlinge und Störenfriede. Wer weiß, was die hinter sich haben, sind genau so müde wie ich.

Nach dem letzten ausgekratzten Happen wird es ruhig. Man schnarcht. Und ich bin putzmunter! Der Körper verlangt sein Recht, die Gedanken verwirren sich, ich drifte ins schwarze Loch... Schrecke hoch! Trunkenes Johlen, Gelächter, Kreischen. Die Schutzhütte hat ihren Sinn verloren! Da ist Alkohol im Spiel, herrscht Partystimmung! Sind alle drinnen, dann herrscht Stille, aber wellenartig treibt es wieder und wieder die Krakeeler hinaus. Kein Machtwort eines

Herbergsvaters? Kein Aufstand echter Wanderer? Die Müdigkeit überwältigt mich, aber nicht für lange. Die Hütte schläft. Dafür kriecht Kälte in meinen dünnen Schlafsack, scharfer Wind pustet alle warmen Luftpolster beiseite. Ich muss hinaus, muss alles überstreifen, was mich wärmen kann.

Im Osten färbt sich der Himmel. Vielleicht habe ich doch noch eine Stunde geschlafen. Ich träumte von Marschkolonnen, die über mich hinweg trampeln wollten - und wache auf. Es ist 6 Uhr. Meine Nachbarn packen schon wieder, unterhalten sich halblaut, schieben ein paar Happen ein, stolpern los. Haben die nichts mitbekommen vom „Hüttenfest"? Ich liege noch ein wenig. Wärmende Sonnenstrahlen entkrampfen mich. Aber auch „mich brennt's in meinen Reiseschuh'n", zieht's auf den Wanderpfad. Je früher ich das Weite suche, desto weniger Volk wird mir begegnen.

Von Quelle zu Quelle

Am dritten Wandertag auf dem Kammweg kann ich das große Schlafdefizit der letzten Nacht fast im Gehen nachholen. Der Gebirgskamm senkt sich allmählich auf 1200 Meter, unterbrochen von einer Handvoll kleinerer Anhöhen. Das sind etwa 500 Meter Höhendfferenz, die mir eine recht erholsame Tour versprechen. Die Region der weiten, herrlichen Aussichten, der hellgrünen gewaltigen Bergbuckel verabschiedet sich, und tiefe Waldesstille umgibt mich. Doch das schattige Grün wird mich nicht lange vor dem heißen Sonnenlicht schützen! Innerhalb weniger Stunden umgibt mich ein sterbender Wald. Weißgraue, rindenlose Stämme wehklagen mit ihrem zum Himmel gereckten, kahlen Geäst. Ich gerate in weite, abgeholzte Flächen. Die kleinen Ebereschenschößlinge, die man nachgepflanzt hat, erwecken mein Mitleid. Sie werden es schwer haben heranzuwachsen. Wie es scheint, gehört die Zeit der Monokulturen bald der Vergangenheit an.

Die Sonne sticht, in dieser Ödnis findet der Wanderer keinen Tropfen Wasser. Mit Erleichterung nehme ich zur Kenntnis, dass sich der Weg schließlich wieder in grünem Wald fortsetzt. Hin und wieder hecheln mir locker gekleidete, hagere Gestalten mit leichtem Rucksackgepäck im Laufschritt entgegen. Das muss ein Crosslauf sein! Mein Gedächtnis funkt mir schnell einige Szenen meines 70-Kilometer-Crosslaufes 1994 auf dem Thüringer Rennsteig zu. Es war Mai, in der Nähe von Eisenach ging es los, und am Hohen Meissner schneite es. Manche Streckenteile waren wegen der glitschigen Wurzeln und der Stolpergefahr hals- bzw. beinbrecherisch. Ich fühle jetzt mit diesen armen Kumpels und kann, als mich einer nach Wasser fragt, nicht „nein!" sagen. Erst, als er nicht aufhört, von meinem begrenzten Wasservorrat zu schlucken, muss ich ihn stoppen. „Das ist leider mein letztes Wasser!" Er klopft mir dankbar auf die Schulter und sagt auf Russisch bzw. Ukrainisch (Woher weiß er, dass ich das verstehe?): „Du bist heute der erste Mensch, den ich auf diesem Weg treffe." Er erzählt, sie machten einen „Mehrtageslauf" über 300 Kilometer. Ich bin beeindruckt - und denke an den 400-Kilometer-Lauf über mehrere Tage mit Bruder Eberhard rund um Berlin, wenige Monate nach dem Mauerfall.

Die Hütte Ramza ist, wie ich bei meiner Ankunft bemerke, ein offenes Einraum-Blockhaus, mit Doppelstockpritschen für 10 Personen. Davor steht ein langer, grob gezimmerter Tisch, dazu eine lange, klobige Bank. Schwarze Rückstände weisen auf die Feuerstelle hin. Kein Mensch außer mir. Wird das so bleiben? Erfahrungsgemäß muss man abends immer mit Besuch rechnen. Das erste, wozu mich mein ästhetischer Sinn zwingt, ist eine Reinigungsaktion. Was da nicht alles liegt und hängt! Radikal schmeiße ich alle vergammelten Kleidungsstücke, Unterwäsche, Blechdosen, Plastikbecher, Küchenreste, rostiges Besteck usw. zusammen und kann es nur mit Mühe draußen in den überfüllten Müllcontainer pressen. Wann wird der wohl mal geleert werden! Mit einem Fichtenzweig fege ich den Boden sauber. Jetzt beginne ich mich wohler zu fühlen.

Aber das Wichtigste liegt noch vor mir: die Quelle aufsuchen! Laut Karte kann sie nicht weit sein. Ich umkreise die Hütte in mehreren immer größer werdenden Runden. Nichts! In einer Senke, mitten im Kahlschlag lockt mich dunkles Grün. Meine Zuversicht bestätigt sich nicht. Einen Drittelliter Wasser habe ich noch. Die nächste Quelle ist einen Tagesmarsch entfernt, dort, wo mein Ziel von morgen liegt. Zurück an der Hütte, studiere ich noch mal penibel die Karte. Die Quelle müsste an der Wegstrecke liegen, auf der ich zur Hütte gekommen war. Von Wasser war dort allerdings keine Spur, geschweige denn ein Hinweis. Skeptisch mache ich mich auf die Suche. Nur 300 bis 400 Meter, da sehe ich an einem Baum ein Holztäfelchen mit aufgemaltem Pfeil und dem handgeschriebene Wort: Quelle!

> Komm, komm, raunt es vom Grunde,
> steig nur hinab, du Wicht!
> Hier wirst du neu geboren
> und jung von Angesicht.

So erzählt es das Gedicht vom uralten Wurzelmännlein, das die lockenden Angebote der Waldquellen stets mit einer Ausrede abwehrt:

> Prrr, sagt das kleine Männlein,
> 's ist mir zu nass da drin!
> Es lohnt nicht mehr der Mühe,
> bleib lieber, wer ich bin!

Ich bin es vollauf zufrieden, dass sich von den vielen Quellen bisher noch keine weder als Jungbrunnen noch als Reichmacher angeboten hat. Das wirkliche Lied der Quelle übersetzen meine Ohren so:

> Und ein paar Schritte weiter,
> ein Murmeln hell und sacht,
> in dämmerblauer Kühle
> der Quell, der frisch mich macht...

Ich bekomme Besuch. Ein Mountainbiker, um die 30 Jahre alt, Pferdeschwanz, athletisch gebaut, grüßt freundlich, wirft sein Rucksäckchen ab und holt mehrere Halbliterdosen Bier hervor. „Wo ist denn hier die Quelle?" Er hat Glück, dass ich es weiß. Was sollte wohl der arme Mensch mit seinem lauwarmen Bier anfangen? Vielleicht hat ihm nur die Vorstellung von dem quellgekühlten Biergenuss die Kraft für den mühsamen Aufstieg gegeben. Dafür ist ihm natürlich auch das Stückchen Fußweg jetzt nicht zu lang. Nachher unterhalten wir uns zwanglos, denn er kann ein wenig Englisch. Wir nennen unsere Vornamen und suchen kameradschaftlich Holz für ein Feuer zusammen. Genrich wohnt 100 Kilometer weiter. Von den kaltbeschlagenen Dosen spendiert er mir eine. Welch ein Fest! Genrich spießt auf einen Zweig Scheiben von Speck, Zwiebeln, Kartoffeln und lässt geduldig sein Abendbrot brutzeln. Er teilt mit mir sein Schaschlik, ich revanchiere mich mit Studentenfutter. Sieben Wanderer trudeln noch bis zum Dunkelwerden ein. Alle haben Hunger und beschäftigen sich ausschließlich mit Suppekochen und mit vielerlei Geschmäcklis, die sie beim stummen Anbeten des Feuers aus ihren Rucksäcken hervorzaubern. Auf der Pritsche schlafe ich diese Nacht lange und gut.

Schutzhütte Andrejcova

Ein anstrengender Tag beginnt. Laut Höhenprofil erwartet mich zum Warmlaufen das Vergnügen, vom Sattel Bakusske sedlo (1300 m) auf den Homolkou (1660 m) zu kraxeln. Danach geht's runter auf den Wiesensattel (1570 m), es folgt der Zadna hola (1619 m). Der bewaldete Sattel Priekyba liegt bei 1190 Meter. Jetzt wird's richtig hart, denn ich muss über den Velka Vapernica (1691 m). Ist das geschafft, sind bis zur Hütte nur noch einige kleine Aufs und Abs zu überwinden.

Wieder bedrückt mein Gemüt ein langer Marsch durch kaputten Wald. Der schmale Stolperpfad ist gespickt mit Wurzeln, Gestein und Gestrüpp. „Durst!" schreit es in mir am heißen, schattenlosen Nachmittag. Und der steile Velka Vapernica ragt herausfordernd vor mir auf. Der Aufstieg ist der steilste der gesamten Kamm-Tour, es könnten 50 Grad Steigung sein. An seinem Fuße fühle ich mich ziemlich groggy, mir fehlt einfach ein kräftiger Schluck aus der Pulle. Die selbst verordnete Schlückchen-Rationierung stoppt nicht das Verlangen nach „mehr", und der Flüssigkeitsverlust ist kontinuierlich stärker als der Nachschub.

Ein Geräusch wie das Brausen des Windes durch die Baumwipfel wird von meinen Sinnen erstaunt registriert. Jetzt Wind? Hier? Auf wunderbare Weise wird meine Frage wenig später beantwortet: ein quirliger, klarer, kalter Bach rauscht zu Tal! Und was geht in dem aufgeklärten, jedem abergläubischen Hokuspokus abholden Wanderer des beginnenden 21. Jahrhunderts durch den Kopf ? „Guter Geist, ich danke dir!" Meter um Meter quäle ich mich den steilen, schmalen Pfad hoch. Ohne kleine Verschnaufpausen reicht der inhalierte Sauerstoff nicht. Immer wieder verspricht die Szenerie: „Gleich hast du's geschafft!" Leere Versprechungen, Täuschungen. Oben, schon im Bereich der Hütte, werde ich durch den Rauch einer Schäferhütte ins Abseits gelockt. Der einsame Schäfer, der in seinem primitiven Verschlag gerade einen Wasserkessel über die qualmende Feuerstelle hängt, erschrickt, weist mir dann den richtigen Weg. Nach elf Stunden ohne längere Rast liegt die Hütte Andrejcova vor mir. Auf der Profilleiste des Wanderführers ist die Länge der heutigen Tour mit 15 Kilometer angegeben. Da merkt man wieder mal, was „Bergwandern" heißen kann.

Seltener Schnappschuß: Tatra-Gemse

n der Ferne eine Hütte

Nachtlager neben der Hütte

Stummes Anbeten des Feuers und eine Dose Bier für mich

Waldsterben

Gerade angekommen, die Pullen sind leer

Von hier geht's 1000 Meter bergab nach Telgart

Durch ein slowakisches Dorf

Drei Slowaken haben sich schon eingenistet. Sie gehen in die entgegengesetzte Richtung wie ich. Einer spricht gut deutsch, hat in Bayern gearbeitet. Der Rest des Abends belohnt meine Anstrengungen mit einer wunderbaren Sicht auf die Hohe Tatra, die sich parallel zur Niederen Tatra mit alpin anmutenden Zinnen auftürmt. Unsere Hütte ist total vermüllt. Ein hoher Kehrichthaufen nimmt die vordere Ecke des Schlafraumes in Beschlag. Ich kann's nicht fassen! Die Drei haben schon auf Mäuse und Ratten Jagd gemacht! Wir müssen unsere Nahrungsmittel aufhängen. Nichts liegt mir jetzt näher als der Wunsch, draußen zu übernachten. Aber daran hindern mich der späte Zeitpunkt, das dichte Unterholz und das morastige Areal weit um den Bach herum.

Schlimmer als Mäuse und Ratten sind drei späte Gäste: ein Mädel und zwei Jungen. Sie richten sich über uns auf dem „Heuboden" ein. Man versteht jedes Wort. Sie wursteln endlos lange herum und quatschen in einem fort. Immer, wenn ich denke: „Endlich sind sie ruhig", nimmt das Weib den Gesprächsfaden wieder auf. Ich könnte sie erwürgen! Vielleicht erfüllen die kleinen Nager meine Rachegedanken und knabbern sie an. Leider sind meine drei Genossen zu stoisch, um sich aufzuregen. Oder liegen sie schon in Morpheus' Armen? Sie haben, wie sie mir sagten, den Wecker auf 5 Uhr gestellt. Ha, dann werde ich ebenfalls aufstehen und die Quatschgeister über mir gnadenlos mit Poltern, Singen und Husten aus ihrem Schlaf reißen!

Im Slowenischen Paradies

Heute ist der letzte, der fünfte Tag auf dem Kamm! Von der Hütte Anrejcova (1460 m) aus gilt es, den Gipfel Kralova hola (1946 m) zu bezwingen, um anschließend gute 1000 Meter steil bis zur Stadt Telgart abzusteigen. Ab und zu kommen mir Wanderer entgegen. Während ich mir ein Liedchen pfeife, pfeifen die Ärmsten aus dem letzten Loch, während sie bergauf japsen. Es ist heiß wie immer. Warum bloß sind die so spät gestartet? Mittags übergibt mich der Bergpfad an die hitzeflimmernde, baumlose Bahnhofstraße von Telgart. Das wär's! 90 Kilometer Kammweg auf der Niederen Tatra liegen hinter mir. Es war ein großes Wandererlebnis! Rückblickend stelle ich fest, dass es in meinen zurückliegenden 27 Wandertagen eine ganze Menge harter Brocken zu beklettern gab. Kaum einmal Traversen - immer der direkte, steile Weg!

In einer vorbildlich geführten Pension - das Ehepaar spricht gut deutsch, beide Kinder arbeiten in Hamburg - erhole ich mich für anderthalb Tage. Palatschinken mit Blaubeeren und Schmand, mit Käse gefüllte Putenschnitzel, echte Hühnerbrühe, Kuchen mit Johannisbeeren und Sahne, Bauernfrühstück: es ist eine Riesenverwöhnerei.

Ich streife durch die Stadt. Die Stadt, das ist: der Bahnhof, zwei Kaufhallen, eine Kirche, einige Bauernhöfe am Rande und viele Häuser mit Garten. Hier treffe ich erstmals auf Zigeuner. Sie kommen mit Eimern voller frisch gepflückter Blaubeeren aus den Bergen oder fegen die Straßen. Oder sie belauern den Supermarkt, in dem so viel herrliches Bier und Schnaps auf sie wartet. Nur, wer von ihnen kann das bezahlen? Ich frage meine Gastgeber nach der korrekten

Bezeichnung für diese Leute: Sinti? Roma? Zigeuner? Sie sagen, dass die sich selbst als Zigeuner bezeichnen. Beleidigend sei der Ausdruck „Schwarzer".

Von Telgart fahre ich mit dem Bus in zwanzig Minuten nach Vernar. Ich will den kleinen „Nationalpark Slowenisches Paradies" (Slovenski raj) kennenlernen. Das Areal ist geprägt von einer wilden Fels- und Flusslandschaft mit dichten, gesunden Waldbeständen. Auf großen Tafeln wird auf Braunbären hingewiesen. Zwar weiß ich, dass ich keinen Bären zu Gesicht bekommen werde, aber es ist schon ein prickelndes Gefühl, durch ihr Reich zu laufen.

Nach einem Eintrittsgeld erhalte ich Zugang zum so genannten „Wasserpfad". Es ist ziemlich einmalig, was einem da geboten wird! Der Pfad führt hautnah am wild schäumenden Gebirgsbach entlang bergauf, also der Quelle entgegen. Man tastet sich über glattes Ufergestein, klimmt 15 Meter hohe, schmale Eisenleitern empor, presst sich, hoch über dem Fluss, beim Überwinden schmaler Holzsteige dicht an die Felswand, ist in den bizarren Canons dankbar für Handgriffe und Drahtseile. Wohin auch immer man seinen Fuß setzt, ist Vorsicht geboten, denn der Untergrund ist feucht und glitschig. Mit meinem Rucksack ist die Turnerei nicht gerade ideal, aber die Herausforderungen auf diesem einzigartigen Parcour machen Spaß treiben voran.

Irgendwann endet der Wasserpfad, allerdings längst nicht bei der Quelle. Ich lasse den Fluss zurück, klettere kreuz und quer über bewaldete Höhen, verfehle einmal den Weg und muss etliche Kilometer hinzufügen, bis ich abends in der kleinen, neu entstandenen Touristensiedlung Pila glücklich ein Zimmer bekomme. Der Wirt hat früher jahrelang auf Donau-Kreuzfahrtschiffen gearbeitet und sich hier das kleine Hotel hingestellt. Durch die globale Wirtschaftslage geht sein Geschäft zur Zeit sehr schlecht. Die Eurowährung in der Slowakei ist den Touristen der Nicht-Euroländer zu teuer. Ich lasse mir auf der Terrasse die Mohnknödel mit Marmelade gut schmecken. Ein deutsches Wanderehepaar aus Göttingen lädt mich an seinen Tisch. Sie haben oft zwischen Hoher und Niederer Tatra Urlaub gemacht. Er arbeitet in einem Verlag und zeigt sich umfassend interessiert und beschlagen.

Zum Thema „Zigeuner" empfehlen mir beide ein Buch von C. Mc. Cann. Es hat den Titel *Zoli* und ist die Geschichte des Zigeunermädchens Zoli, das in den 30er Jahren in dieser Gegend um die Stadt Poprad ganz traditionell in einer Zigeunersippe aufwächst. Bei einem grausamen Massaker militanter, faschistischer Nationalisten unter Führung des Priesters und Politikers Hlinka verliert Zoli ihre Eltern und andere Angehörige. An der Seite ihres Großvaters, der *Das Kapital* von Karl Marx besitzt und wie eine Bibel verehrt, überlebt sie mit viel Glück Faschismus und Krieg. Nach dem Krieg zwingen die Kommunisten die Zigeuner zur Sesshaftigkeit. Man erfährt viel vom Fühlen und Denken der „Fahrenden". Zoli besitzt eine große poetische Begabung, dichtet und singt. Sie wird bekannt und tritt, inzwischen eine junge Frau, öffentlich im ganzen Lande auf. Eine Vorzeigezigeunerin. Damit gerät sie in einen scharfen Konflikt zu ihrem Clan. Sie wird verstoßen und geht unter großer seelischer Konfusion nach Italien, wo sie - ein Unding für eines Zigeunerin - aus freien Stücken einen Nicht-Zigeuner heiratet.

Schwierig ist das Zigeunerleben

Am Bergfluss Hornad entlang schreite ich früh, frisch und fröhlich einem neuen Ziel entgegen. Es ist das Städtchen Letanovce, am Rande des Slovensky Ray. Von dort soll mich der Zug nach Poprad und weiter nach Stary Smocovec am Fuße der Hohen Tatra bringen. Das dichte Blätterdach des Laubwaldes beschattet meinen Weg, das muntere Glucksen des dahin eilenden Berggewässers ist Musik. Ein komfortables Wegstück! Ich kann nicht widerstehen, wenn mich flach und glatt ausgewaschene „Felswannen" zu einem Bad einladen: „Das kann ich doch nicht ignorieren!" Im Nu liege ich splitternackt in meinem Luxusbad, muss nur zusehen, dass mich die Strömung nicht wegzieht. Der Fluss führt mich vorbei an einem großen Campingplatz. Hier muss ein strenges Regiment herrschen, denn alles wirkt sauber und ordentlich.

He, was wird denn da gespielt! Auf freiem Gelände, bedröhnt von harter *heavy metal music*, sind 50 bis 60 Kinder und Jugendliche beiderlei Geschlechts in militärischer Kluft gruppenweise beim Training. Ihre Trainer, bullige, große Kerle in Kampfmontur, unterweisen sie in Nahkampftechniken a lá Schritt-Schritt-Hieb-Drehung-Tritt oder im Gebrauch einer Pistole in Verbindung mit Laufen, Ducken, Hinwerfen, Robben, Schießen. Ist das die Jugendorganisation einer nationalistischen Partei? Vielleicht die Nachfolgerin einer ehemals kommunistischen Jugendorganisation? Ich verschwinde wieder im Wald, gerate noch einmal auf einen „Wasserpfad", der mir einige akrobatische Übungen abverlangt. Hunger und Durst fordern ihr Recht, als vor mir das Gasthaus *Letanovsky mlyn* auftaucht. Nette, junge Sachsen wechseln ein paar Worte mit mir, bevor sie aufbrechen, und schon sitzt ein grauhaariges Exemplar meines Alters mit seinem polnischen Wanderkameraden am Tisch. Der Deutsche stammt aus Ostpreußen. Als ich meine Ostpreußenfahrt mit dem Fahrrad erwähne, erzählt er mir folgendes:

Die Flucht von ihrem Bauernhof brachte die Familie 1945 nach Gotenhafen, wo das Rotkreuzschiff *Wilhelm Gustloff* vor Anker lag. Sie hatten vermeintlich Glück, denn sie durften an Bord. Doch Stunden später war plötzlich die kleine Schwester verschwunden. Alle suchten, auch die Mannschaft half, das Mädchen tauchte nicht mehr auf. Ganz verzweifelt gab die Familie ihre Schiffsplätze ab, um an Land weiter zu suchen. Tatsächlich fanden sie die Schwester im Chaos der Flüchtlingstrecks an ihrem abgestellten Planwagen. Des Rätsels Lösung: das Schwesterlein wollte das zurückgelassene Kätzchen holen. Stunden später verbreitete sich die Hiobsbotschaft, dass die *Wilhelm Gustloff* mit 10.000 Flüchtlingen und Verwundeten an Bord von einem sowjetisches Torpedo versenkt worden war. Das Kätzchen, ihr Lebensretter, starb erst Ende der 50er Jahre. Welch eine Fülle an Romanstoff bergen doch die Lebensgeschichten der Alten, besonders derjenigen aus dem mittel- und osteuropäischen Raum!

Immer noch wandere ich in Tuchfühlung mit dem Fluss. Bei einem Nebenarm überspannt eine Holzbrücke das Gewässer. Schon bevor ich sie sehe, höre ich lautes Rufen, Lachen, Kreischen. Als ich näher komme, erkenne ich etwa dreißig jugendliche Zigeuner beiderlei Geschlechts. Hier sind sie unter sich, weg von den Alten, können flirten, ihre Kräfte messen, sich im Wasser tummeln. Keiner nimmt Notiz von mir. Mehrfach hatten mir Leute dringend geraten, Zigeuneransiedlungen zu meiden. Die letzte Warnung stammte von den drei jungen, slowakischen Wanderburschen in der Schutzhütte Andrejcova. Wenn ich nachfragte, was denn so gefährlich sei, blieb alles nebulös, mit der Quintessenz: sie belästigen einen durch hartnäckiges Betteln. Mein Weg ist breit geworden. Von den feuchten Uferwiesen fallen Schwärme von Bremsen über mich her. Die Wanderbewegung jugendlicher Zigeuner in Richtung Brücke ist noch im Gange, aber kein einziges Mal werde ich angebettelt.

Bevor der Weg hinaus auf die Felder abbiegt, passiere ich ihren Wohnort, ein Zigeunerdorf. Dicht an dicht stehen die Hütten. Sie erinnern mich an die Ansammlung der Blech- und Bretterbuden, die man von Bildern südafrikanischer Ghetto-Siedlungen kennt. Vom Leben bekomme ich im Vorübergehen nicht viel mit. Eine Gruppe Männer, Hüte auf dem Kopf, sitzt um einen Tisch, Frauen holen vom Bach Wasser, hier und da werkelt jemand an seinem Auto. Rauchfähnchen kringeln sich über den Dächern. Die Jüngsten tollen im Bach herum. Kaum haben sie mich entdeckt, begleitet mich rechts und links ein Grüppchen. Hinter dem zaghaften Händchenausstrecken einzelner steht kein fester Wille. Ich sage freundlich „nein!", sie plappern freundlich, sind weder aufdringlich noch aggressiv und werden bald von Erwachsenen zurückgerufen.

Mehrere Fragen beschäftigen mich: Steht den Menschen hier nur eine begrenzte Fläche für ihr Dorf zur Verfügung? Gehört diese Fläche dem Staat oder einem Privatmann, der dafür kassiert? Wie regeln die Bewohner ihr Zusammenleben? Befolgen sie neben den bürgerlichen Gesetzen eigene Regeln ihrer Volksgruppe? Wie stellt sich bei ihnen die Hierarchie der Macht dar? Für diese Zigeuner ist es - von mir aus betrachtet - ein Glück, dass sie in einer so schönen, gesunden Umgebung leben können. Üblicherweise sind Zigeunersiedlungen in der Nähe von Müllkippen, Industriebrachen und am schäbigen Rand großer Städte zu finden. Wie werden wohl die paramilitärischen Jugendlichen von heute früh über ihre braunhäutigen Mitbürger sprechen, wie mit ihnen umgehen?

In der Hohen Tatra

Es blieben nur wenige Sekunden, dass ich den Zug nach Stare Smocovec noch schaffte! Am Nachmittag hatte ich, aus dem Nationalpark kommend, in glühender Hitze Letanovce erreicht. Ich hängte mein schweißnasses Hemd über eine Bank des Bahnsteigs. Als der Zug nach Poprad Minuten später einfuhr, war es schon trocken, und ich spürte es angenehm auf der Haut. Von der Bahnangestellten wusste ich, dass es in Poprad mit dem Umsteigen sehr knapp werden würde. So war ich denn, kaum in Poprad angekommen, mit berggestählten Waden treppauf, treppab, treppauf gestürmt, hatte nach Stare Smocovec gefragt und war, um Luft ringend, in den wartenden Waggon gesprungen. Als hätte er nur auf mich gewartet, setzte sich der Zug in Bewegung. Die Waggons waren gefüllt mit Kindergruppen, die in irgendein Ferienlager reisten.

Eine Stunde später habe ich schon die ersten Eindrücke von Stare Smocovec in mir aufgenommen. Der Ort lebt vom Winter- und Sommertourismus. Das muss schon zur „guten alten K.u.k.-Zeit" so gewesen sein, wie man aus Hotelvillen, Prachthäusern und dem eigenwilligen Kirchenbau schließen kann. Meine Unterkunft finde ich im modernen *Sporthotel*. Eine schöne Bleibe im 5. Stock, gebucht unter der Bedingung, dass ich vier Nächte verweile. Die 40 Euro pro Tag garantieren mir das „schwedische Frühstück", ein üppiges Dinner und den Besuch des hoteleigenen Schwimmbades. Wenn möglich, möchte ich von hier aus drei Gipfel besteigen, alle um zweieinhalbtausend Meter hoch.

Freitag: Das Frühstück beginnt um 8 Uhr, reichlich spät für die bevorstehende Tour, will ich doch den Slavkovsky Stit (2452 m) besteigen. Mein Hotel liegt auf 850 Meter Höhe, also 1600 Meter hinauf! Der blaue Himmel verspricht gutes Wetter. Wie lange werde ich brauchen? Meine Hochgebirgserfahrungen zählen nicht viel. Als junger Mann bestieg ich mit Bruder Eberhard den Dachstein. Vor drei Jahren setzten wir uns einem afrikanischen Bergabenteuer aus. In einer kleinen Gruppe wanderten wir durch die kenianische Bergwelt und spürten auf dem Mount Kenia (5000 m) die Grenzen unserer Kraft. Aber der Körper gewöhnte sich an die enorme Höhe, das gab uns Zuversicht für das zweite, höhere Ziel, den majestätischen Vulkankegel des Kilimandjaro (6000 m) in Tansania. Aus der tierreichen Savanne und durch die Dämmerung des Regenwaldes arbeiteten wir uns aufwärts. Den letzten Abschnitt starteten wir nachts um 2 Uhr. Er forderte allen bei eisiger Kälte und weichem, nachgeben-dem Untergrund das Letzte ab, ehe wir morgens um 7 Uhr die aufgehende Sonne über der Eishaube des Berges begrüßen konnten.

Auf meiner jüngst beendeten Kammwanderung war mein Fernblick Tag für Tag an den dunkel-violetten scharfen Zacken der Hohen Tatra hängengeblieben. Der Weg hinaus aus dem Ort ist gut markiert, aber nur hier. Denn wo vor einigen Jahren noch Fichtenbestände den Anblick der Gipfel versperrten, stolpere ich jetzt durch eine Abholzwüste mit den Attributen eines zerstörten Waldes: Wurzeln, Äste, zerwühlter, ausgetrockneter Boden. Alles der prallen Sonne ausgesetzt. Keine Markierungen. Na, ein Trampelpfad ist schließlich auch eine Markierung... Mein Rucksack ist federleicht: Proviant, Wasser, Regenschutz, Pullover, Malsachen. Hinter dem durchlittenen Kahlschlaggebiet setze ich aufatmend im grünen Wald meinen Aufstieg fort.

Als der Fichtenwald unter mir zurückbleibt, beherrschen mannshohe, lang-nadelige, zähe Krummholzkiefern das Feld. Die felsigen Abschnitte nehmen zu, damit auch die Kletterei. „Immer schön auf das blaue Wanderzeichen achten, Reinhard!" Ja, hellwach sollte ich immer sein, dann wäre ich nicht in diesen „Hinterhalt" geraten. Der ohnehin kaum erkennbare Pfad, bei dem im Fels alle Merkmale menschlicher Fußspuren verschwunden sind, verliert sich, und ich finde mich tief im widerspenstigen Kieferngebüsch wieder. Das letzte blaue

Wegzeichen? Es liegt einige Zeit zurück. Vor der hohen, mächtigen, weißgrauen Bergseite hebt sich der Gürtel grüner Bergkiefern ab. Wo geht's weiter? Den gleichen Weg zurück finde ich nicht mehr. Wohin ich mich auch wende, türmen sich Felsbarrieren auf. Ich stecke in einem Irrgarten! Wie aus dem Nichts hat plötzlich alles ein Ende: Der Spatenstich eines Riesen muss hier den felsigen Grund hundert Meter tief abgespalten haben. Mein Nackenhaar sträubt sich, in der Magengrube rumort es. Hinter jeder Klippe kann es in die Tiefe gehen. Ich will mich nicht auf Kletterexperimente einlassen.

Unschlüssig schaue ich zum Berg. Da! Ein roter und ein gelber Fleck bewegen sich langsam in eine Richtung! Wanderer! Dort ist mein Weg, da muss ich hin! Es dauert, kostet Kraft, Schweiß und blutige Striemen an den Beinen, bis ich mich aus dem Labyrinth befreit habe. Das waren die relativ harmlosen Folgen eines „Fehltritts"! Anfangs atme ich erleichtert auf. Dann kratzt mich der Ärger über meine Unaufmerksamkeit. Die überstandene Lehre wirkt. Mit doppelter Aufmerksamkeit halte ich mich an alle Spuren, die mir signalisieren: du bist auf dem richtigen Weg. Ich fühle mich gut in Form mit dem Leichtgewicht auf dem Buckel! Das Aufsteigen macht Spaß, besonders mit der zunehmend weiten Aussicht. Schwerer als an den so harmlos rundlich anzusehenden, aber steilen Höhen der Niederen Tatra kommt mir die Arbeit hier nicht vor. Man findet immer einen guten Trittstein zum Abdrücken. Die Zeit geht dahin. Wo und wann kommt endlich der Gipfel? Von Felsvorsprüngen aus bewundere ich die wie zum Greifen nahen Steilwände des Gebirges.

Das Gelände verengt sich. Schmal ist der Grat, an dessen Seite die Wegmarkierungen mich leiten. Hier besteht nur noch eine Möglichkeit oben anzukommen, denn die andere ist ein Sturz steil in die Tiefe. Als sich über mir nur noch der blaue Himmel dehnt, ist es geschafft, stehe ich auf dem Slavskovski Stit. "Mr. Rot" und "Mr. Grün", die beweglichen Farbkleckse von vorhin, nuckeln an ihren Flaschen. Andere Wanderer sind tief unter uns. Fünf Stunden hat mein Aufstieg gedauert. Ich bin zufrieden mit mir und der herrlichen Welt ringsherum. Es ist eine bunte Bergwelt, deren übriggebliebene Schneefelder hie und da im Sonnenlicht aufblitzen. Hermann Hesse, dem das Wandern viel bedeutete, schrieb:

> Ich lächele nicht nur mit dem Munde, ich lächele mit der Seele, mit den Augen, meine Sinne sind feiner, stiller, schärfer, geübter, auch dankbarer.

Empfindungen, wie sie wohl jeder Wanderer schon verspürte. Flott, mit sicherem Blick, im Schnellgang und immer sprungbereit, habe ich drei Stunden später mein Hotel vor mir. Die Lust auf mehr ist mir nicht vergangen. Beim Dinner liegt schon die Wanderkarte auf dem Tisch ausgebreitet.

Sonnabend: Heute will ich die „große Tour" machen. Sie umfasst keine Gipfelbesteigung, weist dafür hohe Höhen und tiefe Tiefen auf. Streckenweise geht es an einem wilden Fluss entlang. Ich sah ihn gestern, grün gesäumt, weiß schäumend sehr tief unter mir. Für die „große Tour" werden zehn Stunden veranschlagt. Gut, dass ich schon um 7 Uhr frühstücken kann. Hoch zum Hrebienok (1290 m) habe ich anfangs denselben Weg wie gestern. Die Sonne knallt

Es sprudelt, rauscht und glitscht

Immer dem Bach folgen

Zigeunerdorf

Der heiße, schattenlose Weg nach Letanovce

Gleich kommt der Zug nach Poprad

Stary Smocovec

In der Hohen Tatra

Ganz oben

Ein Bergsee

schon verdammt heiß! Ich stoße auf die „Tatranska magistrala", die sich an den „Randbergen" der Hohen Tatra entlang windet. Ein abwechslungsreicher Weg durch Bergfichtenwald; Felsen, Schluchten und Steilwände sind zu überwinden. Ich erhasche einen Blick auf das Berghotel Sliezky dom (1670 m). Dort muss ich vorbei.

Im Hotel kann ich dem Angebot an Palatschinken nicht widerstehen. Ist es doch, seit ich unterwegs bin, mein Leibgericht! Dazu trinke ich das dunkelbraune „Kovala", das wie russischer „Kwas" schmeckt. Während ich mich auf der riesigen Terrasse inmitten anderer Wanderer dem Genuss hingebe, dringt von weit her ein dumpfes Grummeln an mein Ohr. Was ich ahne, bestätigt sich schnell - es donnert. Könnte das meine weitere Tour in Frage stellen? Na, erst mal abwarten! Ich verziehe mich zum angrenzenden, die Bergwelt widerspiegelnden kleinen See. Es kostet keine Überwindung, die drückende Hitze mit einem Sprung ins eiskalte Wasser zu vertauschen. Getrocknet und wieder angezogen, kann meine Entscheidung leider nur noch heißen: umkehren! Von der Niederen Tatra her hat sich eine Gewitterwolkenfront breitgemacht. Von der Sonne angestrahlt, wirkt sie ungeheuer plastisch, gestaffelt und tiefschwarz.

Mit dem Wolkenschauspiel vor Augen und den Paukenschlägen im Ohr schaffe ich es trocken zum Hotel zurück. Eine Gesangsgruppe in Tracht singt am Eingang lustige und schwermütige slowakische Weisen. Ich bleibe stehen und höre zu. Plötzlich, wie mit einem Lichtschalter ausgeknipst, ist die Sonne weg, Abendgrau schluckt die schönen Volkstrachtfarben der Sängerinnen. Starke Böen fahren in die Bäume, dicke Tropfen klatschen auf die Zuhörer, alles flüchtet. Hoffentlich kann ich die Tour morgen nachholen! Bis zum Einschlafen pladdert und donnert es.

Sonntag: Mein erstes Aufwachen um 4.30 Uhr lässt keinen Zweifel zu: Es gewittert noch immer - in allen Himmelsrichtungen. Vom Balkon aus sieht die Lage aussichtslos aus: Die Hohe Tatra ist schwarz eingehüllt, in der breiten Tal-Ebene Richtung Niedere Tatra schnellen Blitze aus dem Gewölk. Die extreme Schwere und Dauer des Gewitters ist wohl den geographischen Gegebenheiten geschuldet. Die zwischen den beiden Gebirgen angestaute Hitze der vergangenen Wochen hat die feuchte Luft elektrisch hoch aufgeladen. Ich gleite ernüchtert und enttäuscht zurück unter die Bettdecke.

Während des Frühstücks wabert dichter Nebel durch das Städtchen. Später wird er von Dauerregen abgelöst. Was mache ich nur mit der vielen Zeit? Nichts zu lesen, im Fernsehen nur Mist, das permanente Reklame-Karussell macht mich zornig. Welch ein Schwachsinn wird den Zuschauern geboten! Aber die Konsumenten bestimmen bekanntlich Angebot und Nachfrage. Dann lieber die Decke anstarren. Das Bleiben an einem Ort ist für mich auf dieser Tour ein schwieriger, mich belastender Faktor, wenn die „Bleibe", der Ort, nichts Interessantes hergibt: Wie schlage ich die Stunden bis zum Schlafengehen tot? Das Entspannen nach dem anstrengenden Tag umfasst ja nicht die ganze Zeit von vier bis sechs Feierabend-Stunden. Klar, der Körper will ruhen, Duschen, Klamottenwaschen, Essen gehört zur täglichen Routine. Aber was kommt danach, wenn man nichts zu lesen hat und keinen Gesprächspartner? Ein Lagerplatz im Freien nimmt einen da viel mehr in Anspruch. So liege ich abends zumeist auf dem Bett, schreibe Tagebuch, plane den nächsten Tag, denke mir Kreuzworträtsel aus und „glotze" TV. Mit „glotzen" meine ich geistige Passivität - scheintot. Wie viele Menschen verschenken so Stunden, Tage, Jahre ihres Lebens! In der Slowakei gibt es einen speziellen Kanal für Folklore: Singen und Tanzen. Das hält man eine gewisse Zeit aus, aber nicht stundenlang.

Ich nutze das Schauerwetter, um meine Weiterfahrt in die ukrainische Stadt Ushgorod zu organisieren. Aber mehr als unverbindliche Auskünfte können mir die Damen des Informationsbüros nicht mitgeben: „Versuchen Sie dieses, vielleicht aber auch jenes, man kann nie wissen." Abends beim Dinner speise ich inmitten von hundert intelligent aussehenden jungen Frauen und Männern, manche in Begleitung von Aktenköfferchen. Schick, fein, elegant, und attraktiv - es ist belebend, ihnen zuzuschauen. Was soll ich anderes denken als: „Das müssen junge Führungskräfte sein, die hier ein Wochenend-Seminar haben." Ich studiere Landkarten und schreibe Tagebuch, damit die wissen, was für ein Geselle ich bin. Später im Zimmer nervt mich ein Dauertelefonierer von nebenan. Ich wünsche ihn dreimal zum Teufel!

Montag: Wäre heute gutes Bergwetter, ich wäre um der geplanten Tour willen noch eine Nacht länger geblieben. Doch der Nebel lässt gerade mal die Umrisse des nächsten Hauses erkennen. Ich preise mich glücklich, dass ich auf der Herfahrt vor vier Tagen in letzter Sekunde den Anschlusszug hierher erreichte! Andernfalls hätte ich von der Hohen Tatra nichts gesehen und nichts unter die Füße bekommen. Also werde ich mich jetzt auf den Weg nach Ushgorod machen.

Die Karpaten

Transkarpatien

Heute früh war ich noch in der nassen, grau umnebelten Hohen Tatra, jetzt, am späten Nachmittag, streife ich über das heiße Pflaster von Ushgorod. Für mich ist es ein kleines Wunder, denn in Stary Smocovec saß ich, einer Auskunft vertrauend, schon im falschen Zug, als mich mein Instinkt wieder aussteigen ließ. Und in Poprad fuhr der Bus nach Michalovce zweieinhalb Stunden früher, als es mir das Info-Büro aufgeschrieben hatte. Durch puren Zufall bekam ich das mit! In Michalovce schließlich lag der Busbahnhof in der Mittagshitze wie ausgestorben. Keine Zeittafeln, keine Informationsstelle, keine kundigen Busfahrer, kein Mensch. Nach einstündiger, geduldiger Warterei dachte ich: „Geh mal zum vordersten Perron, kannst dort besser die ein- und abfahrenden Busse kontrollieren." Da rauschte auch schon ein „Blauer" heran, ja, er fuhr sogar nach Vysne Nemecke. Fast aus dem Stand knattert er sofort mit mir davon. Abends schreibe ich ins Tagebuch:

> Wo? Wann? Jeder weiß etwas, keiner weiß es richtig, niemand spricht englisch oder deutsch. Man muss viel kombinieren und hartnäckig sein.

Das „kleine Wunder" setzt sich auf dem Marsch von der Endstation in Vysne Nemecke zum slowakisch-ukrainischen Grenzübergang fort. Die Sonne entfaltet ihre volle Kraft, aber ich laufe gerne nach den Stunden im Bus. Da hält neben mir ein VW- Transporter. Der Fahrer, älteres Semester, spricht mich auf Russisch an und lädt mich ein, mitzufahren: „Fußgänger lässt man nicht durch! Also, steig ein!" Ein sympathischer, vertrauenswürdiger Kerl. Bis zur Grenze sind wir schon im vertrauten Gespräch. Am Schlagbaum muss ich ein Formular ausfüllen. Mein Fahrer wird peinlichst über seinen Benzinstand und die Kilometerzahl befragt. Da wird aufgeschrieben, werden Zettel als Nachweis vorgezeigt, Geldscheine gezählt. Einen Stapel Papiergeld schiebt sich mein Fahrer unter die Pobacke. Man kennt ihn hier. Würde er in der Ukraine den Benzintank füllen und das Benzin in der Slowakei „schwarz" für Euro verkaufen - das wäre ein gutes Geschäft! Ich traue ihm einen „deal" mit den Ordnungswächtern zu. Die Kontrollbeamten dürsten doch immer nach einem Zuverdienst...

Mein freundlicher Helfer wohnt nicht in Ushgorod, fährt mich aber ins Zentrum, direkt vor das *Hotel Ushgorod*. Zeitgleich mit dem herzlichen „Doswidanje" endet der letzte Akt der Mützen-Tragikomödie: Im Hotelzimmer sehe ich mich im Spiegel - ohne mein lieb gewonnenes, speckiges, staubiges Mützchen. Es fährt im Auto davon. Zurückgelassen hat es einen echt betroffenen Menschen, der sich plötzlich nur wie ein halber Mensch vorkommt. Trauer...

Ushgorod ist eine alte Stadt, über 1000 Jahre alt. Sie liegt im geografischen Zentrum Europas, in Transkarpatien, dem westlichsten Teil der Ukraine. Die Landschaft ist geprägt einerseits von den Bergen mit ihren langen Tälern, andererseits vom Tiefland des Flusses Theiß. Die Karpaten trennen die Region vom Rest der Ukraine ab, das Flachland ist dicht besiedelt. Das Gebiet hat eine Staatsgrenze zu Polen, zur Slowakei, zu Ungarn und zu Rumänien. Allerdings hatten Grenzen in diesem Schmelztiegel von Kulturen, Ethnien, Sprachen und Konfessionen nie einen langen Bestand. Im Mittelalter brachen Konflikte bei der gewaltsamen Katholisierung aus, Ende des 16. Jahrhunderts verbreitete sich der Protestantismus. Allgegenwärtig war die Bedrohung durch die Türken. Das „Fürstentum Siebenbürgen", das weitestgehend zu Ungarn gehörte und einen großen Teil von Transkarpatien umfasste, war ein Vasall des Osmanischen Reiches. Ab Ende des 17. Jahrhunderts kam Siebenbürgen unter die Herrschaft der österreichischen Krone. Nach dem Zerfall der österreichisch-ungarischen Monarchie 1918 wurde Transkarpatien der neu gegründeten Tschechoslowakei angegliedert. Die Zeitungs-Neuerscheinungen Anfang 1920 spiegeln das ethnische Zahlenverhältnis in der Bevölkerung wider: von 60 Zeitungen schrieben 22 in ungarischer Sprache, 10 auf Russisch, 9 auf Ruthenisch, 5 auf Jiddisch, 4 auf Tschechisch, 4 auf Ukrainisch und 6 sprachlich gemischt.

1938 kamen auf Grund eines internationalen Gerichtsbeschlusses Teile Transkarpatiens an Ungarn, ein anderer Teil wurde zur „Karpato-Ukraine" ausgerufen, kurz darauf aber von Ungarn (einem Verbündeten des Deutschen Reiches) besetzt. Seit der Besetzung durch die Rote Armee im Herbst 1944 gehörte Transkarpatien zur Ukrainischen Sowjetrepublik. Als sich im Zuge von Gorbatschows „Perestroika"-Politik die Ukraine 1991 als selbständiger Staat aus der UdSSR löste, war natürlich auch Transkarpatien mit von der Partie.

In Ushgorod

Über das Brückengeländer hinweg betrachte ich das steinige Flussbett des Ush. Viel Wasser führt es nicht, es reicht aber für die Badefreuden von Alt und Jung. Auf der anderen Flussseite zieht sich über zweieinhalb Kilometer „die längste Lindenallee Europas" hin. Na ja, es ist, genau betrachtet, ein breiter Weg mit vielen Bänken. Eine stimmungsvolle Uferpromenade. Jetzt, gegen Abend, entspannt man sich hier gesittet im Gespräch, in Gedanken, in liebevoller Umarmung. Rechts vom Fluss, wo auch mein Hotel steht, liegt die neue Stadt mit ihren breiten Boulevards, mehrstöckigen Wohnblocks, modernen Geschäftshochhäusern und einer nagelneuen orthodoxen Zwiebelkirche.

Die Altstadt liegt links vom Ush. Sie hat sich im Verlauf ihrer Geschichte um und auf dem „Schlossberg" breit gemacht und viele alte Gebäude bis heute bewahrt. Oben beherrscht die Festungsanlage aus dem 16. Jahrhundert den Berg. Das weiträumige Areal beherbergt das Heimatmuseum und das „Museum für Volksarchitektur" mit Häusern der Volksgruppen der Bojken, der Huzulen, der Karpaten-Ungarn, der Lemken und der Ukrainer. Kirchen der verschiedenen Konfessionen geben dem Stadtbild eine malerische Silhouette. An der Fassade der barocken Kreuzerhöhungskirche sind auf einer Tafel die Namen der Priester dieser Kirche vermerkt, die hier zu Sowjetzeiten tätig waren - und deren Sterbeorte. Unschwer ist zu erkennen, dass viele in der Verbannung oder in einem Gefängnis gestorben sind.

Die „Brücke Sadowa" macht mich mit einem Brauch bekannt, der mir neu ist. Überall am Geländer hängen Vorhängeschlösser, welche die frisch Vermählten als Symbol ewiger Treue hinterlassen haben. Ich will hoffen, dass sie auch die dazugehörigen Ersatzschlüssel dem Fluss übergeben haben. Viele kleine Geschäfte und Restaurants, aber vor allem die gut erhaltene Architektur mit frischen Fassaden und die Fußgängerzonen locken die Menschen an. Ich fühle mich nun im russischsprachigen Raum als „vollwertiger" Mensch, der versteht und sich verständlich machen kann. In einem Sportgeschäft kaufe ich einen Mützenersatz, ein „Basecape", wegen des vor blendenden Sonnenstrahlen schützenden Schirms. Woanders suche ich mir eine CD mit traditionellen Kosakenliedern aus. Schon das erste davon wirkt wie Champagner in meinem Blut. Auch die Post muss ich aufsuchen.

Mein normaler Wanderschritt ist fürwahr kein „Müßiggang" in des Wortes Sinne. In Ushgorod zelebriere ich heute den echten, bewegungsarmen Müßiggang. 700 Bergkilometer liegen hinter mir, und die Spannung auf das, was noch kommt verschafft mir bei dieser gemütlichen Runde ein zuversichtliches Gefühl. Schlendern, Kaffeetrinken, Eis essen, Häuser betrachten, ein wenig plaudern, Leute beobachten - das gehört zu meinem Müßiggang. Er wird aufgewertet durch einen Schatz: eine „Frankfurter Allgemeine Zeitung", die ich gestern vor meiner Abreise von der Hohen Tatra im Bahnhofskiosk entdeckt hatte. Was für eine Lust, bei Kaffee oder Bier unter dem Sonnendach eines Straßencafés die Nase in die Zeitung zu stecken!

Dabei vergesse ich nicht, die Augen zu heben, wenn „Augenweiden" in Gestalt junger hübscher Frauen vorbeiziehen. Im russischsprachigen Raum wird mir immer wieder die Schönheit der Frauen vor Augen geführt. Dabei vergesse ich fast, dass es hier auch Männer gibt. Aber die fallen, Gott sei Dank, nicht weiter auf. Auf der Sadowa-Brücke fingen meine Augen vorhin die von Bäumen halbverdeckte Farbenpracht einer russisch-orthodoxen Kirche ein. Da gehe ich mal hin! Wie aus einem russischen Märchenbuch erscheint mir das im traditionellen Stil erbaute Kirchlein. Und dieses Schwelgen in Farben! Das große Vorbild für Bauweise und Farbgebung findet man in der Basilius-Kathedrale am Roten Platz in Moskau, wobei auch der frühere Einfluss tatarischer Bauweise nicht verschwiegen werden darf.

„Meine" Märchenkirche spricht mit ihrem freundlichen Aussehen ohne Zweifel die Seele angenehm an. Ich trete in den von brennenden Kerzen heimelig erhellten Kirchenraum. Aus irgendeinem Grunde haben sich Leute versammelt. Ein junger, bärtiger Priester verteilt mit einem geschwenkten Gefäß Weihrauch unter den Sich-Bekreuzigenden, mehrstimmiger Gesang erschallt. Das Ganze übt auch auf mich eine positive, stimulierende Wirkung aus. Vielleicht, weil es überhaupt nicht in den Lärm und die Aufgeregtheit des Lebens „da draußen" passt? Trotz der berührenden Atmosphäre gilt für mich: mein Herz und mein Verstand haben sich bisher den religiösen Lockrufen oder missionarischen Fangmethoden jeglicher religiöser Richtung entzogen. So soll es bleiben!

Da ich morgen mit einem Bus tief in die Waldkarpaten eindringen möchte, suche ich den Busbahnhof auf. Gleich mit meinem ersten „Test" sehe ich mich in meinem Misstrauen gegenüber Auskünften bestätigt. Auf einer Tafel finde ich meinen Zielort und dazu die Abfahrzeiten der Busse. Am Schalter bestelle ich ein entsprechendes Ticket. Reaktion der Angestellten: „Nein, dieser Bus fährt nicht. Dorthin fährt von hier überhaupt kein Bus." - „Und warum steht das groß und deutlich auf dem Plan?" - „Nun ja, vielleicht gibt es ja mal wieder diesen Bus." Weil ich aber morgen in Yaremcha sein will, brauche ich einen Rat. Welch eine Zumutung! Beleidigt und widerwillig folgt sie meiner Bitte, mir die Verbindungen und Zeiten zu notieren.

Ist das Tatra-Gewitter jetzt hier angekommen? Dicke Wolken schieben sich vor die Sonne, man atmet auf. Es donnert. Auf dem Prospekt Swoboda (Straße der Freiheit) bringe ich mich in einem modern eingerichteten Café vor dem beginnenden Regen in Sicherheit. Man bedient mich freundlich und flott mit kühlem Bier und einer knusprigen Pizza. Hätte ich ohne das Gewitter dieses Café mit seiner großen Uhr aufgesucht? Die Uhr ist so groß, dass ich, mehr unbewusst, ihre Zeiger mit meiner Uhr vergleiche. Uff! Nicht 21 Uhr wie meine, sondern 22 Uhr zeigt die große Schwester! Es macht „klick" in meinem Gehirn. Na klar, die Zeitzone! Danke, Uhr! Hätte ich doch morgen glatt den Bus nach Yaremcha verpasst...

In die Waldkarpaten

Ha, ich sitze im Bus! Und er fährt direkt nach Yaremcha! Hatte mir die Frau am Schalter nicht gestern noch gesagt, dass es diese Linie nicht mehr gäbe? Vor der Abfahrt vom „Aftowoksal" (Busbahnhof) musste ich mich um eine rotwangige, bäuerlich gekleidete Frau kümmern, die neben mir auf der Wartebank saß. Sie war eingeschlafen. Als das Einsteigen losging, sprach ich sie an. Ohne Erfolg. Ich klopfte sanft auf ihre Schulter - nichts. Ich rüttelte ihren Arm. Nun kippte sie mit dem Oberkörper seitlich auf die Bank, immer noch im Tiefschlaf. Was mag sie gerade träumen, bei meinen Weckversuchen? Mit sehr lauter Stimme und ihre beiden Schultern packend brachte ich sie endlich zur Besinnung. Die Wartenden schauten interessiert zu und dachten vielleicht: „Warum lässt dieser brutale Typ die Frau nicht schlafen?" Apathisch sammelte sie ihre Gepäckstücke ein und stellte sich stumm zur Reihe der Einsteigenden. Später kam sie während der Fahrt zu mir, um sich zu bedanken. „Verraten Sie mir ihren Traum?" fragte ich lachend. Sie tat es nicht.

200 Kilometer Busfahrt liegen vor mir. Schon der erste Kilometer lässt mich fragen: „Wie sollst du das bis nach Yaremcha aushalten?" Ich sitze auf der Sonnenseite, bei 35-40 Grad Außentemperatur. Die Fenster lassen sich nicht öffnen. Die vorhandenen Düsen funktionieren nicht. Eine Klappe am Busdeck verteilt kaum spürbar etwas Luft. Der Bus ist eine rostfarbene Auto-Ruine, ein alter *Ikaros*. Die Sitze sind eklig, schmierig, abgewetzt, aufgerissen und in Kurven beweglich. Asthmatisch röchelnd, tut er sich bergauf schwer. Man möchte am liebsten aussteigen und schieben. Bei den später einsetzenden Regenschauern arbeitet an der Frontscheibe nur der linke Scheibenwischer. Ein Phänomen, das ich in dieser Region bei allen kurzen oder längeren Busfahrten erlebte, konnte ich nicht aufklären: Die Leute sagen einfach, wo sie aussteigen möchten, der Fahrer nennt den Preis, kassiert, händigt aber keinen Fahrschein aus. Es gibt nur wenige ausgeschilderte Haltestellen. Niemals erlebte ich einen Streit um das Fahrgeld.

Meiner Neugier und Abenteuerlust können die Widrigkeiten der Busreise nicht viel anhaben. Das Interesse an der Landschaft, die hinter den schmutzigen Scheiben vorbeizieht und auf das, was kommt, zählt mehr. Wir durchfahren in west-östlicher Richtung die von zahlreichen Wasserläufen durchzogene Tiefebene Sakarpatia (Vor den Karpaten). Wiesen, Mais- und Sonnenblumenfelder, Hafer, auch kleinere Äcker, dazu Bruch- und Sumpfland wechseln sich ab. Der Hitzedunst nimmt den Farben der Landschaft die Leuchtkraft. Ich möchte dort, auf schattenloser Landstraße, jetzt nicht marschieren.

Wir nähern uns der zweitgrößten Stadt Transkarpatiens, Mukacheve. Vor dem Krieg, bevor so genannte deutsche „Sondereinheiten" auch hier ihr blutiges Geschäft betrieben, war Mukacheve das bedeutendste Zentrum der jüdischen Orthodoxie und des Chassidismus im damaligen Ungarn. Hier gab es für den 40%igen jüdischen Bevölkerungsanteil 30 Synagogen und bedeutende jüdische Schulen. Bei unserer Annäherung an die Stadt fesselt ein kahler Vulkankegel das Auge. Er wird gekrönt von einem stolzen Bau mit Zinnen und Türmchen, ganz in Weiß. Es ist das Schloss Palanok (Samok Palanok). Jahrhunderte hindurch war es im Besitz ungarischer Fürsten. In dieser Gegend lebten früher viele Deutsche, „Schwaben" genannt, obwohl sie seit 1730 auch aus Bayern und Franken hierher eingewandert waren. Die Herren von Schönborn, ein Adelsgeschlecht aus Franken, bekamen vom Kaiser in Wien für ihre Verdienste Anfang des 18. Jahrhunderts riesige Ländereien in den Transkarpaten geschenkt. Sieben ehemals deutsche Dörfer liegen südlich von Mukacheve sehr abgelegen und trugen einst Namen wie Pauschnig, Kroatendorf, Palankendorf, Unterschönborn, Oberschönborn. Der große fränkische Barockbaumeister Balthasar Neumann leitete hier als Verwaltungschef die Siedlungspolitik.

Übrigens waren die Karpatendeutschen als einzige Russlanddeutsche während und nach dem Zweiten Weltkrieg von den grausamen Deportationen nach Sibirien verschont geblieben.1995 zählte man hier noch 3500 Deutsche, inzwischen werden von diesen viele das Land in Richtung Deutschland verlassen haben. Es könnte mich reizen, bis zu den „deutschen Dörfern" vorzudringen, aber die Hitze nimmt mir jeden Schwung.`Alle angesteuerten Busbahnhöfe der größeren Ortschaften bestehen aus einem staubigen und schattenlosen Platz, einer Toilette und einem Schalter. Im Wartestand unter der Mittagssonne heizt sich unser *Ikaros* noch weiter auf. Hätte er Flügel aus Federn und Wachs, wie der Ikaros aus der antiken Sage, sie würden ihm schon am Boden wegschmelzen.

In Winogradiv ruft der Beifahrer einen Halt von 15 Minuten aus. Da könnte ich doch schnell zum Markt nebenan gehen, um mir Obst zu kaufen! Alles geht flott vonstatten. Die Viertelstunde ist noch längst nicht vergangen, ich bin vor der Zeit zurück. Aber wo ist der Bus? Mein Bus ist weg! Mit Rucksack! Rasender Puls, wirbelnde Gedanken. Ich renne in Fahrtrichtung dorthin, wo sich hinter einer Kreuzung gerade der Verkehr drängt und staut. Nicht zu fassen - mittendrin der rote *Ikaros*. Er steht, weil es nicht anders geht. Sonst wäre er weg. Der Fahrer öffnet mir ohne Kommentar die Tür. „Sie sagten, eine Viertelstunde Pause!" - „Nun ja, man darf sich nicht entfernen." Ob irgendein Mensch auf mein Fehlen aufmerksam gemacht hatte? Ich glaube nicht.

Nach gut 100 Kilometern, das Städtchen Xust liegt hinter uns, schnauft und knattert sich unser altes Vehikel entlang der quicklebendigen Theiß allmählich aus dem Tiefland heraus hinein in die Bergwelt der Waldkarpaten. Die Theiß ist weiter oben aus dem Zusammenfluss der Weißen Theiß und der Schwarzen Theiß entstanden. Nachdem sie das Gebirge durchbrochen hat, fließt sie nach Rumänien. Hier wird sie träge und trübe. Ihre längste Streckenetappe durchfließt sie in Ungarn. Nach der Weinstadt Tokay und der Gulasch-Stadt Szegedin vereinigt sie sich schließlich mit der Donau.

Eine Frau mit markantem Habichtsgesicht ist eingestiegen und steht in meiner Nähe. Sie erkennt in mir den Fremden, den Wanderer, den Deutschen. Denn mit dieser Erkenntnis beginnt sie ein Gespräch. Vom Wandern lenkt sie das Gespräch auf das Pilgern, wohl eine Leidenschaft von ihr. Sie kommt auf Religion und Kirche zu sprechen. Ich solle unbedingt bestimmte Orte mit bestimmten Kirchen aufsuchen: „So viele Menschen sind jetzt wieder auf dem richtigen

Weg..." Das Gespräch strengt mich sehr an, denn ihr Ukrainisch ist mit mundartlichen Beimengungen gespickt. Das zu verstehen, fordert mir Kombinationsgabe, Phantasie und Konzentration ab. Zu guter Letzt spricht die Frau mich auf den „Hitlergruß" im „Dritten Reich" an. Dieses „Heil", gemünzt auf die Person Adolf Hitlers, bedeutete ja, dass jeder, der so grüßte, „dem Führer" die Befreiung von seinen Sünden gewünscht haben müsse. Und derer waren zweifellos nicht wenige. Leider fragt sie erst jetzt, welcher Kirche ich angehöre. Meine Antwort, ich sei nicht religiös, versetzt ihr einen Schlag. Sie verstummt (endlich!), wendet sich ab und steigt bald aus.

Mein geistiger Wanderkamerad J. G. Seume erlebte 1802 Ähnliches in Sizilien:

> Ich fand nicht Ursache, den Versteckten zu spielen; und so erfuhr denn der Herr Steuerrevisor über Tische auf seine Frage, dass ich ein Ketzer war. Der dicke Herr legte vor Schrecken Messer und Gabel nieder, und sah mich an, als wenn ich schon in der Hölle brennte.

Ein Gewitter ist aufgezogen, die Donnerschläge rollen durch die Schluchten. Es gießt wie aus Kübeln. Von den Berghängen herab schießen Bäche über die Straße, spülen Schotter und Geröll auf den Asphalt. An manchen Kurven steht die Straße völlig unter Wasser. Hoffentlich kommen wir durch! Hoffentlich gibt nicht der linke Scheibenwischer seinen Geist auf! Es regnet noch immer, als der Bus in Yaremcha hält. Nur 100 Meter vom Busbahnhof, völlig durchnässt, weist mir das Schild „Gostiniza" (Hotel) den Eingang zu einem Grundstück. Ein großes, gepflegt aussehendes Wohnhaus nimmt mich auf. Mutter, Sohn und Tochter sind hier verantwortlich. Ich fühle mich umgehend wohl und werde mit einem schönen, neu eingerichteten Zimmer nicht enttäuscht.

Yaremcha

Yaremcha ist für Ukrainer ein begehrtes Urlaubsziel, mit Hotels, Pensionen, Kur- und Erholungsheimen. Es trägt den Beinamen „Perle der Karpaten" (ich kenne bereits Odessa, „die Perle am Meer"). Schon zu Beginn des 20. Jahrhunderts, nachdem der Ort an eine Bahnlinie angebunden wurde, galt Yaremcha als Kurort für Tuberkulosekranke.

Frühstückszeit. Ich habe gut geschlafen in meinem französischen Bett. Noch lacht die Sonne, noch brennt sie nicht. Ich mache mich auf die Socken, um irgendwo zu frühstücken und den Ort zu erkunden. An der einzigen, viel befahrenen Durchgangsstraße liegen Läden, Restaurants, Hotels, Heime, ein Museum. Der große orthodoxe Kirchenneubau will mit liturgischer Lautsprechermusik Menschen anlocken. Innen reicht ein Gerüst bis an die Decke, deren Bemalung gerade begonnen hat. Gegenüber der Kirche plantschen Kinder im Wasser des Springbrunnens. Ein Stück weiter, etwas zurückgesetzt, hat sich ein Zirkus ausgebreitet. Noch regt sich hier nichts, aber aus dem großen Zelt dringen liebliche Weisen in Moll und stimulieren angenehm mein Gemüt.

Am südlichen Ende des Städtchens stoße ich auf den Prut, der hier kaskadenartig von den Felsen stürzt. Er entspringt dem „heiligen Berg der Ukraine", dem Hoverla. Der Prut hat noch einen weiten Weg, bevor er sich nahe dem großen

Ushgorod am Ush

In der Altstadt

Hochzeitsbrauch

Barocker Sakralbau hoch am Berg

Märchenkirche

† 27.03.1950, м. Дніпропетровськ

ФЕНЦИК СТЕФАН

* 13.10.1892, викладач духовної академії,

засуджений 1946 до смертної кари

† 30.03.1946, Ужгородська тюрма

ФЕРЕНЧИК ФЕДІР

79, парох с. Верхнє Водяне, засуджений 1948

† 7.08.1949, Львівська тюрма

ХОМА ВІКТОР

.1891, парох Ужгородського кафедрального с

засуджений 1951 на 25 р.

† 12.04.1953, с. Городище, Рівненська обл.

ЦІБЕРЕ ФЕДІР

.1906, парох с. Лалово, засуджений 1950

† 7.06.1950, Львівська тюрма

ЧЕЙПЕШ ІВАН

918, парох с. Волосянка, засуджений 1950

іяний † 1.08.1953, м. Воркута, Росія

ЧУБАТИЙ ЙОСИФ

Priesterschicksale: Tod im Zuchthaus/Lager

Mein Bus in die Karpaten

In Yaremcha

Am Prut

Delta mit der Donau vereinigt. Ich suche mir einen blank geschliffenen Felsen zum Sitzen, frühstücke und versuche, das bewegte Wasser mit Pinsel und Farbe festzuhalten.

Nahe dem Bahnhof ist ein Naturalienmarkt zum Leben erwacht. Früchte des Waldes werden hier von den „Kopftuch-Mütterchen" angeboten: Pilze, Himbeeren, Walderdbeeren, Blaubeeren. Mir läuft das Wasser im Munde zusammen. Die Augen wollen mehr als der Magen. Später macht es mir Mühe, alles mit Genuss aufzuessen. Hinter der ersten und zweiten Häuserreihe ziehen sich Wiesen und Felder die Berghänge hoch, gesprenkelt von Einzelgehöften und Siedlungen. Die Gegend gilt als Siedlungsschwerpunkt der Huzulen-Volksgruppe. Für einen Nichtkenner wie mich ist davon nichts zu bemerken, es sei denn man betrachtet die an den Marktständen ausliegenden kunsthandwerklichen Produkte: Holzschnitzereien, Kupferarbeiten, Weberei, Töpferei, bemalte Eier, Felle. Alte Gebräuche werden noch bei Hochzeiten und Beerdigungen gepflegt.

In der Habsburger Monarchie wurden die Ukrainer als „Ruthenen" bezeichnet, doch im strengen Sinn gehören zu den Ruthenen nur die Volksstämme Transkarpatiens. Das sind außer den Huzulen die Lemken und die Bojken, deren Sprache zu den ukrainischen Dialekten zählt.

Ich sitze am Prut und sinniere, wie ich meine Wanderung am besten fortsetzen kann. Vorgewarnt war ich schon in Berlin durch meinen Reiseführer *Die Ukraine entdecken* und den Umstand, dass ich in Berlin keine Wanderkarten auftreiben konnte. Ich zitiere aus dem Reiseführer:

Die touristische Erschließung (der Karpaten) ist für westliche Vorstellungen ziemlich mangelhaft. Das beginnt schon bei der Vorbereitung: Kartenmaterial ist nur schwer zu bekommen... Die Markierungen der Wege in der Natur sind nicht immer ausreichend und oft nicht gepflegt. Vor allem im Wald ist die Orientierung nicht einfach... Es gibt keine Kammwanderungen im eigentlichen Sinne... Für die Einheimischen sind lange Wanderungen in den Bergen allein oder zu zweit meist unvorstellbar. Der übliche Tourismus findet dort in großen Gruppen unter Leitung erfahrener Bergkenner statt...

Auch auf den Verpflegungsnotstand unterwegs wird hingewiesen. Sehr wohl, auf der Straße herrscht Urlaubsbetrieb. In den Hotels liegen Listen mit Tourenzielen aus, in die man sich eintragen kann. Geführte Herden, keine Abweichung vom Weg, strenger Zeitplan, Erklärungen für überwiegend uninteressierte Leute. Nach diesem Muster wanderte man früher in der Sowjetunion. Die Vorstellung, an solch einer Massenveranstaltung teilzunehmen, ist für mich ein Horror. Niemals! Innerhalb weniger Stunden sinkt meine Gemütslage zu depressiver Hilflosigkeit.

An einer Holzbude wirbt eine Schiefertafel für eine dreitägige Tour zum Hoverla. Hoffnung keimt auf. Ich trete ein, ein älterer, ungepflegt aussehender Mann hört sich mein Anliegen an. „Am besten, Sie bleiben hier, es kann gleich losgehen!" Ich bin verblüfft. „Wie soll das gehen, ganz ohne Ausrüstung, für drei Tage?" - „Gut, dann seien Sie in 30 Minuten hier, wir fahren von hier ab!" Mein Verstand und mein Instinkt wehren sich. Das kann nichts werden! Und dann mit diesem Typ? Man will mich wohl unter Zeitdruck setzen, überrumpeln, es geht nur ums Geld. Nein, das wird nichts! Ich gehe.

Nun klage ich meiner aufgeschlossenen Wirtin meinen Kummer: Ich will wandern, will die Hoverla (in den Reiseführern schreibt man manchmal „der Hoverla", öfter jedoch „die Hoverla") besteigen. „Wie kann ich das machen, ohne Wanderkarte?" Die Frau ruft einen Bekannten an. Jaroslav kommt, erzählt von sich und seiner studierenden Tochter. Dann beschreibt er mir, wie ich es machen kann: Mit einem frühen Bus starten, dem Fahrer sagen, wo er anhalten solle. Von dort gehe ein Fahrweg in den Nationalpark. Der Aufstieg auf den Gipfel sei gut markiert. Ich atme auf und bin zutiefst erleichtert.

Abends gehe ich essen. Wie üblich ist es um diese Zeit in den Restaurants fast leer. So auch hier. Musik dröhnt durch den Raum. Ich bestelle. Als der Kellner sich wieder zeigt, bitte ich ihn, die Musik leise zu drehen. Mit versteinertem Gesicht entfernt er sich, aber nichts ändert sich. Kein Problem für mich, ich stehe auf und verlasse das Lokal. Wie sehr wünschte ich mich in eine Szene hineinversetzt, die J.G. Seume im Zusammenhang mit einem musikalischen Erlebnis schildert:

> …aß ich zu Mittag in einem Wirtshaus an der Straße… Ich gestehe Dir meine Schwachheit, ein Ton kann zuweilen meine Seele schmelzen… Ich verstand hier und da in der Entfernung nur einiges aus der Ähnlichkeit mit dem Russischen… Der Ton des alten Instruments, welches ein goldhaariger junger Kerl… spielte… war nicht Harfe, nicht Laute, nicht Zither; man konnte mir den eigentlichen Namen nicht nennen; am ähnlichsten war es der der Russischen Balalaika.

Auf der Terrasse eines anderen Restaurants herrscht Friede, ich fühle mich wohl. Aber nicht lange! Während ich speise, setzt sich eine Frau, Mitte vierzig, an den Nachbartisch. Minuten später bittet sie mich, sich zu mir setzen zu dürfen und bestellt sich einen Kaffee. Sie ist üppig gebaut, hat riesige Augen, zeigt beim Lachen große, weiße Zähne, die Nase geht etwas himmelwärts. Ihre Haare sind zum Dutt gebunden. Mir passt das überhaupt nicht! Sie fragt, was ich hier mache, wie ich es hier fände, erzählt, sie arbeite in einem Textilgeschäft und sei Witwe. Ich solle unbedingt bis übermorgen bleiben, da sei hier ein Musikfestival, tolle Stimmung. Das wolle sie mir zeigen. Als sie hört, ich sei Deutscher, tut sie überrascht: das hätte sie nicht gedacht!

Sie ist mir lästig. Ich bezahle ihren Kaffee und sage, ich hätte gleich einen Termin wegen der morgigen Bergtour. „Wir könnten doch aber noch ein Eis essen gehen!" Sie lässt sich nicht abwimmeln. Als wir an meiner Pension sind, sage ich: „Doswidania!" und bin auch schon verschwunden. Junge, das war ja wohl ein eindeutiges Angebot.

Der „heilige Berg"

Die Hoverla ist mit 2061 Meter Höhe der höchste Berg der Ukraine. Er gilt vielen als nationales Symbol. Besonders unter dem demokratisch gesonnenen, aber längst abgelösten ehemaligen Präsidenten Viktor Juscenko war der Berg ein Ort für politische Manifestationen. 2001 verkündete Juscenko auf dem Gipfel die Gründung seiner Partei *Unsere Ukraine*. So kann es passieren, dass man in eine Massenbesteigung hineingerät, denn nicht wenige Ukrainer halten es für ihre nationale Pflicht, den Berg einmal zu bezwingen. Er ist so eine Art „Mekka" der Ukrainer.

Der Bus nimmt mich pünktlich um 7.10 Uhr auf. Ich zeige dem Fahrer die Skizze, wo ich aussteigen möchte. Er freut sich über mein Vorhaben und winkt mir zu, als ich drei Kilometer hinter Worochta aussteige. Ein breiter Schotterweg geht geradewegs nach Süden. Drei, vier Pilzsammler in Gummistiefeln überhole ich, dann habe ich niemanden mehr vor mir. Tannen, Fichten, Kiefern, Kastanien und Ebereschen bilden einen ansehnlichen Wald. Hier, aus 15 Kilometer Entfernung, zeichnet sich der Berg beeindruckend gegen den grauen Himmel ab. Mit schwindender Distanz verdecken ihn bald die Vorberge und Bäume. Ich kann einen flotten Schritt vorlegen, denn der Anstieg bis an die Basis des Berges vollzieht sich sehr gemächlich.

Nach einer Stunde tauchen auf einer Lichtung ein paar solide Blockhäuser auf. Die größeren dienen als Herberge, man nennt sie Turbaza. Eine Wegschranke weist darauf hin, dass hier der Nationalpark beginnt. Ich bezahle 15 Griven, muss mich in ein Buch eintragen und erhalte eine Kartenskizze für das Hoverla-Gebiet. Nun noch acht Kilometer bis zur Turbaz Zarodlak. Als auch das geschafft ist und ich die Herberge nebst einiger Verkaufsbuden hinter mir habe, bin ich direkt am Berg. Es sind vier Kilometer bis zum Gipfel. Von der Westseite bietet sich eine bequemere Variante an, aber ich bin nun mal hier und habe mich für den direkten Aufstieg entschieden. Jetzt heißt es, sich anstrengen, keuchen und schwitzen. Fichtenwald, glitschiger Wurzelweg, Wassergeräusche. Ich bin in guter Stimmung, etwa wie ein Arbeitsloser, der endlich wieder zupacken darf. Ein paar Wanderer habe ich überholt. Auf schmalen Pfaden gibt es nur zwei Möglichkeiten: entweder sind deine Vor-Gänger langsamer und du überholst sie, oder sie sind schnell, und du findest dich mit dem Anblick ihres Hinterteils ab.

Der Himmel hat sich verdüstert. Und da geht's auch schon los - und wie! Es muss der Ausläufer eines Gewitters sein. Unterstellen? Ist sinnlos, man wird letztendlich ebenso nass und kühlt dazu noch aus, ohne Bewegung. Nicht lange, da ist aus dem Weg ein rötlich brauner Bach geworden. Von den Seiten sprudeln kleine Ströme herab und vereinigen sich auf meinem Trampelpfad. Die „Bachwanderung" wird um so schwieriger, je steiler und höher das Gelände ansteigt. In der Region der Wacholderbüsche und Latschenkiefern, wo der Pfad ohnehin längst durch abfließendes Wasser aus schmalen, tiefen Rinnen besteht, gibt es keine Ausweichmöglichkeit. Bis zu den Knien schießt mir das Wasser entgegen, jeder Schritt gegen den Wasserdruck kostet Kraft und birgt die Gefahr des Strauchelns.

Weißt du noch, Eberhard, wie wir einst die wilden Bäche und Flüsse der nordwestkanadischen Mackenzie-Mountains um die Zeit der Schneeschmelze durchquert haben? Das war allerdings ein gefährlicheres Unterfangen. Das fiel mir gerade ein.

Der Spaß ist mir vergangen. Ich bin durch und durch nass und lehmver-schmiert. Erst über der Baumgrenze hat das Pladdern ein Ende. Ich hätte es wohl bei anhaltendem Regen nicht bis oben geschafft. Noch steiler zieht sich der aufgeweichte, glitschige Pfad in die Höhe. Es ist kein richtiger „Pfad"; nur die in großen Abständen eingeschlagenen Pfähle geben die Richtung an. Viel zu weit und zu hoch scheint die Entfernung bis zur Spitze. Die kühle Nässe am Körper saugt mir die Moral aus den Knochen. Zwischen den Zehen spült das Wasser. Aber natürlich gibt es für mich nur die eine Richtung. Ich kann ja nicht einfach umkehren. Noch ist das Gipfelkreuz nicht in Sicht, da bringt plötzlich ein vielstimmiger Gesang aus dem Grau über mir Licht in mein abgestumpftes Gemüt. Freude und Neugier treiben mich schnell bis auf die Spitze der Hoverla. Dort stehen die männlichen und weiblichen „Engel"! Eine große Gruppe junger Menschen in Regenumhängen und genau so nass wie ich hat sich singend um das Kreuz geschart. Sind es religiöse Lieder? Oder patriotische? Die Kraft der Musik macht mir den Aufenthalt zu einem unvergesslichen Erlebnis. Ohne die-se Menschen stünde ich jetzt allein, nass und bibbernd im kühlen Wind.

Bergab lege ich die gleiche Strecke, unter Hilfenahme meines Wanderstocks, im Eiltempo zurück. Mir steht der Sinn nach einem heißen Getränk an der Tur-baza. Dort bin ich um 14 Uhr. Jetzt scheint sogar die Sonne. Heißer Kaffee und ein Würstchen wecken meine Lebensgeister. Schuhe, Socken, Hemd und Ano-rak trocknen ausgebreitet im Gras. Ich kann zuschauen, wie die dunkle Feuch-tigkeit meines Hemdes verdampft, bis ich es im hellen Khaki wieder überstreif-e. 13 Kilometer, immer am Bach entlang, marschiere ich bis zur großen Straße. Ich schwenke ohne Stop gleich links herum in Richtung Yaremcha. Wer weiß, wann mal ein Bus kommt. Aber ich habe Glück! Ein polnisches Ehepaar, sehr nette und gebildete Leute, nimmt mich mit. Beim Bier in Yaremcha entspanne ich zufrieden. Es war eine „zünftige", eindrucksvolle 35-Kilometer-Tour.

Im Huzulenland

Da mir andere Wandermöglichkeiten fehlen, will ich von Yasinia auf der Ge-birgsstraße nach Süden laufen, bis an die rumänische Grenze. Vorher, am frü-hen Morgen, besuche ich das drei Kilometer von Yaremcha entfernte Dorf Dora. Dort steht die Huzulenkirche „Heiliger Michael" aus dem 17. Jahrhun-dert, die allerdings 1844 umgebaut worden war. Sie ist ein echter Blockhausbau mit zwei Holzzwiebeltürmen und mehreren, in Etagen umlaufenden Holzschin-deldächern. Der hölzerne Glockenturm steht ein Stück abseits, ebenfalls ein kleines Kunstwerk aus Holz. Im Hintergrund ein Wohnhaus, das als Kloster dient. Gerade öffnet sich die Tür und mehrere Gläubige verlassen zusammen mit dem Priester das Gotteshaus.

Die Sonne brennt um 10 Uhr unbarmherzig, und im Inneren des voll gepfropf-ten Busses, der mich nach Yasinia bringen soll, schnappen die Menschen nach Luft. Eine Stunde später steige ich nassgeschwitzt aus. Die tropische Tempera-tur bringt mich zu einer schnellen Entscheidung: das erste sichtbare Hotel, ein kleiner, gelb getünchter Bau in der Mitte des langen Straßendorfs, wird meine Unterkunft für eine Nacht sein.

Verlockende Naturalien

Hoverla - höchster Berg der Ukraine

Waldarbeiterhaus

Der Weg wird zum Bach

Chorgesang auf dem „heiligen Berg"

Heuernte im Huzulenland

Brücke über die Theiss

Bergdorf

Ohne Rucksack streife ich stundenlang durch die Gegend. Die Schwarze und die Weiße Theiß vereinigen sich hier zur Theiß. Eine schmale, an zwei Seilen hängende Brücke überspannt den Fluss. Mit ein paar Laufschritten kann man sie ordentlich zum Wippen bringen. Jenseits des Flusses ist die Heuernte in vollem Gang. Lange nicht gesehene Bilder sind hier lebendig: Huzulenpferde mit den typischen roten Troddeln ziehen „rollende Heuberge" zu den Scheunen, wo die Fuhren mit Heugabeln auf die Heuböden befördert werden. Auf den Wiesen werden mit Hochdruck die Leiterwagen beladen oder Heuschober aufgerichtet. Bei den fast täglich niedergehenden Regenschauern heißt es, das Heu schnell in Sicherheit bringen. Mit kurzen, unaufdringlichen Pfiffen halten die „Chauffeure" Kontakt zu ihren Pferden. Einen Kutscher sehe ich das ganze leere Gespann in den lebhaften Fluss treiben, wo sich die Tiere abkühlen und saufen können. Wie ein Schwamm sauge ich die Atmosphäre ein.

Durch die kleine Ansiedlung von Holzhäusern und Gärten frage ich mich zu einer 300 Jahre alten Huzulen-Kirche durch, und eine Frau führt mich sogar ein Stück. Unter hohen Bäumen steht sie halb verborgen auf einer Anhöhe. Kein Schutz, kein Zaun, eingewuchert in Kraut und Büschen schlummert sie abseits menschlichen Treibens. Ich umkreise den Bau, betaste das alte Holz und setze mich für ein Weilchen ins Gras. Was könntest du erzählen!

Später eile ich, nun tatsächlich im Laufschritt, über die schwankende Hängebrücke zurück, denn wieder einmal ist die Stunde des Regens angebrochen. In einem der wenigen Häuser hat zum Glück ein Gemischtwarenladen geöffnet. Ich rette mich, kann sitzen, bestelle Kaffee und esse Kekse. Der Regen treibt noch andere Menschen in den Verkaufsraum. Zu mir setzen sich drei einheimische Männer, Arbeiter. Sie bestellen eine Lage Bier und Wodka, für mich gleich mit. Ich revanchiere mich mit der gleichen Bestellung. Das löst die Zungen, erleichtert den Kontakt. Sie verstehen nur ein wenig russisch, ich verstehe sie gar nicht. Aber ich kann mittels Gebärden ihre Neugier befriedigen. Sie jonglieren meinen Vornamen auf der Zunge und wollen mein Alter wissen. Jeder drückt mir danach ehrfurchtsvoll und kräftig die Hand.

Mein kleines Hotel ist ein Reinfall. Dass mir die fleischgefüllten Pelmeny nicht schmecken, hat es noch nie gegeben! Vielleicht ist es allerbilligster Büchsenfraß. Der Fernseher, neuwertig, funktioniert nicht. Auch ein Angestellter, der lange daran rumfummelt, schafft es nicht: „Es muss das Gewitter sein," ist sein Kommentar, mit dem er mich achselzuckend verlässt. Auf der Toilette fehlt Klopapier, es ist kein Handtuch vorhanden, auch kein Wasserglas. Das Stück Seife ist vergammelt und schmutzig. Die Wegwerflatschen sind breitgetreten. Wütend steige ich treppab, in die Gaststube. Die junge Vizechefin sitzt gerade in gemütlicher Runde mit mehreren Gästen, da platze ich herein und schleudere meinen Missmut laut und deutlich in den Raum. Das muss allen peinlich sein. Sie entschuldigt sich kleinlaut und sorgt für das Nötigste.

Bis Rakhiv sind es 35 Kilometer. Je eher ich starte, desto ruhiger ist meine Straße. Um 6 Uhr habe ich schon zwei Kilometer hinter mir. Mir fehlte in letzter Zeit das kontinuierliche Laufen Tag für Tag. Längere Aufenthalte und Busabhängigkeiten störten mein inneres Gleichgewicht. Darum freue ich mich darauf, heute und morgen nichts als laufen zu können. Wie schön, von einem Bergfluss begleitet zu sein, der der Straße Kurve um Kurve aufzwingt, hinter denen sich immer neue Bergpanoramen zeigen. Es ist, als würde man jedes Mal ein anderes Fenster öffnen. Der weiße Dunst lastet noch unten im Tal. Aus dem unergründlich scheinenden milchigen Seidenschleier schauen zwei Zwiebeltürmchen mit ihrem Kreuz! Eine Momentaufnahme wie eine Fata Morgana. Die schlichten, robusten Holzhäuser der Dörfer geben mir Einblicke in die Lebensweise ihrer Bewohner. Am heutigen Sonntagmorgen sind die ersten Menschen, die sich blicken lassen, alte Männer oder Frauen, die ihre Kuh ausführen. Belebter wird es, wenn die Kirchenglocken rufen. Im Sonntagsstaat geht Jung und Alt zur nächsten Kirche. Die kann weit sein. Jedes Dorf ist durch eine Hängebrücke mit dem anderen Flussufer verbunden. Ich mache kaum mal eine Pause. Dafür spüre ich am Ziel mein Kreuz.

Rakhiv ist mit 820 Metern der höchstgelegene Ort der Ukraine und hat sich als Ski- und Wanderzentrum einen Namen gemacht. Der Ort nimmt seit 1887 für sich in Anspruch, Mittelpunkt Europas zu sein. Damals wurde ein Denkmal aus Beton errichtet, auf dem die Koordinaten zu lesen sind: 47° 56' 3" nördlicher Breite, 24° 11' 30" östlicher Länge. Und noch ein Superlativ: hier wird die größte Gewitterhäufigkeit der Ukraine gezählt und zwar (statistisch) alle 8 Tage ein Gewitter mit Blitz und Donner.

Zur rumänischen Grenze

Heute werde ich die ukrainischen Karpaten verlassen. Die Nacht hindurch hatte es bis zum Aufstehen geregnet. Ich verschwinde um 6 Uhr aus einem Hotel mit hohem Standard und dabei preiswerter als die Schmuddelunterkunft in Yasinia. Der Fluss muss nachts viel Zulauf bekommen haben, denn der Geräuschpegel übersteigt erheblich den von gestern. In den Tälern wabern die Wolken, aber mich wärmen schon die Sonnenstrahlen. Es braucht noch ein bis zwei Stunden, bis der Wolkenschleier sich verdünnt, auflöst und verflüchtigt. Manchmal drückt ein thermischer Vorgang den Nebel herauf bis zur Straße, es wird kalt, mich fröstelt.

Rechts der Straße kommen die Felswände nahe heran, hier ist meine durstige Kehle mit klarem Quellwasser reichlich versorgt. Wo Platz ist, breitet sich Mischwald aus, sogar Walnussbäume haben sich hinzugesellt. Die Anzahl neuer Kirchen setzt mich in Erstaunen. Folgt die große Bautätigkeit überhaupt einem Bedürfnis der Menschen? Oder soll der mystische Ort solch ein Bedürfnis erst wecken? Ein Mann, der seine Kuh ausführt und den ich grüße, erzählt mir in verständlichem Ukrainisch, dass hier die Huzulen-Sprache weit verbreitet sei. Das alte Siedlungsgebiet der Huzulen erstreckt sich bis in die nahe Bukowina. Früher sprach ein Huzule, der etwas auf sich hielt, drei Sprachen: huzulisch, ukrainisch und deutsch. Der Alte erzählt mir von Höhepunkten der hiesigen Geschichte, von Kämpfen und von Volkshelden. Zum Abschied wünscht er mir: „Möge Gott Ihnen helfen!"

Am Rande eines Nationalparks lädt mich ein hübscher Erholungskomplex in Huzulen-Architektur zu Spiegeleiern und Kaffee ein. Eine Gruppe Teenager-Mädchen treibt laute Kommunikation und qualmt, was das Zeug hält. Wieder mal „Ohrenfolter" aus dem Lautsprecher, allerdings dem russisch-sentimentalen Text angepasst. Ich bin mit dem zufälligen Zeitpunkt meiner Rast sehr zufrieden, denn draußen prasselt Regen gegen die Fenster.

Die Straße bringt mich der Tiefebene immer näher. Bald machen mich Grenzpfähle auf die rumänische Grenze aufmerksam. Zwei Grenzsoldaten in Tarnanzügen auf Streife sind neugierig. Beim Durchblättern meines Reisepasses staunen sie über die eingestempelten Länder und schimpfen auf ihr Los. Die Einschränkungen, die den Besuch der Slowakei oder Rumäniens so erschweren, machen sie wütend. Auch wenn sie wissen, dass diese Nachbarländer für sie unsagbar teuer sind. Zum Schluss geben sie mir einen Tipp, wie ich den Grenzübergang finde.

Sighetu

Das vierte Land meiner Wandertour hat mich am frühen Nachmittag in Gestalt der Grenzstadt Sighetu freundlich empfangen. Es ist eine bunte Kleinstadt mit viel alter Architektur. Ich musste zum Glück keine öden Vorstädte kennen lernen, zu nah liegt Sighetu an der Grenze. Das Stadtzentrum wird von Barock- und Gründerzeitarchitektur geschmückt. So lobe ich mir den Einzug in eine Stadt! Fest verankert in einer Häuserzeile, finde ich ein Hotel, das mit seinem großzügigen, knarrenden Treppenhaus, hohen Räumen und riesigen Fenstern noch den Geist der k.u.k.-Vergangenheit ausstrahlt. Das Bad passt in seinen Dimensionen eher in unsere Zeit der Zweimetermenschen als ins 19. Jahrhundert. Aus dem Fenster schaue ich auf den Boulevard, auf frische Farben der phantasievoll strukturierten Hausfassaden und auf das Gewimmel geschäftiger Menschen. Für mein Zimmer zahle ich 80 Lei, etwa 25 Euro.

Nach Erledigung des „Haushalts", d.h. Körperreinigung, „große Wäsche" und Zurechtlegen wichtiger Dinge, bin ich schon unterwegs zur Stadtbesichtigung. Nebenbei muss ich herausfinden, von wo und wann ich morgen die Weiterfahrt antreten kann. Mein weiteres Ziel wird dadurch bestimmt, dass ich mich zum Wandern nur auf die beiden Wanderkarten (Maßstab 1:60.000) stützen kann, die ich in Berlin für den Teil der Karpaten um die Städte Toplita und Gheorgheni bekommen habe. Dorthin will ich, dort soll mein Rucksack noch mal geschultert werden! Die Sprachprobleme sind geblieben, ich spreche kein Rumänisch, die Leute sprechen weder deutsch noch englisch. In einem Musikladen, wo ich mir eine rumänische CD kaufe, zeige ich der Verkäuferin die Landkarte, tippe auf die Stadt Borsa, frage: „Unde este autobuzul?" Sie tritt mit mir hinaus auf den Bürgersteig und gibt mir einige Hinweise. „Multumesc, danke!" So lande ich bei einem etwas abseits stehenden Kiosk, in dessen Nachbarschaft dank zweier Sitzbänke die Haltestelle zu erahnen ist. Die Kioskfrau weiß sogar die Abfahrzeit des morgigen Busses: 6.30 Uhr. Zufrieden durchstreife ich Straßen und Gassen.

Ohne einen blassen Schimmer, nur durch Zufall, stoße ich auf das große, weiß getünchte, alte, einstöckige Eckhaus. Die kleine verwitterte Tafel an der Hauswand weckt mein Interesse. Die Inschrift ist auf Rumänisch, aber ich lese den Namen Elie Wiesel und das Geburtsdatum 1928. Von Elie Wiesel hatte ich mir einmal ein Buch gekauft: *Die Nacht zu begraben, Elisha*, nachdem er 1986 den Friedensnobelpreis bekommen hatte. Wahrscheinlich kam das Schild erst zu dieser Zeit an das Haus, denn um das Schicksal der jüdischen Holocaustopfer kümmerte sich damals in Rumänien niemand. Wiesel war mit seinen Eltern und Geschwistern 1944 von der SS nach Auschwitz gebracht worden, lernte auch Birkenau und Buchenwald kennen. In dem Buch schreibt er über sein Leben. Dort fand ich die Sätze:

> Nie werde ich die Augenblicke vergessen, die meinen Gott und meine Seele mordeten und meine Träume, die das Antlitz der Wüste annahmen. Nie werde ich das vergessen und wenn ich dazu verurteilt wäre, so lange wie Gott zu leben.

Elie Wiesel kam nach dem Krieg über Paris und Palästina nach Amerika, wo er als Journalist und Universitätsdozent arbeitete.

Noch ein weiteres Gebäude markiert meinen Streifzug durch Sighetu. In der kleinen Straße Corneliu Coposu wird eine Seite von einem hohen, langen, ockerfarbenen Gebäudekomplex mit vielen kleinen, vergitterten Fenstern beherrscht: es ist ein Gefängnis. Schon während der k.u.k.-Monarchie hielt man hier Menschen gefangen. Nach 1990 wurde es eine Gedenkstätte für die Opfer des kommunistischen Staatsterrors unter dem Diktator Nicolae Ceaucescu (1918-89), dem „conducator", der 1989 nach einem blutigen Aufstand zusammen mit seiner Frau erschossen wurde. Seine Geheimpolizei „Securitate" war ihrem Chef mit dem Verbreiten von Angst, mit Terror und Folter zu Diensten. Der große, düstere Bau versinnbildlicht die Schrecken jener Zeit.

In den Ostkarpaten

Rechtzeitig treffe ich am Morgen bei der Bushaltestelle ein. Dort wartet schon ein Kleinbus. Der Fahrer steht draußen und raucht eine Zigarette. Wir starten pünktlich nach Borsa, wo ich umsteigen muss. Die Straße windet sich kurvenreich hinauf in die Berge, hinein in die Wolken. Nur wenige Meter Sicht machen das Fahren verteufelt schwer, der Nebel verschluckt Bäume, Berge, die Straße. Wie aus dem Nichts zuckelt plötzlich ein Pferdewagen vor uns dahin, bald darauf wird es ganz verrückt, als einige hundert Schafe die Seiten wechseln. Der Fahrer ist nett, drängelt nicht, und wir bewundern die konzentrierte Arbeit der sieben Hütehunde. Bergab, hinunter ins Tal, unter den Wolken, müssen wir mit einem gleichmäßigen Regen vorlieb nehmen. In Borsa zeigt mir der Fahrer, wo ich auf den Bus nach Varta Dornei warten muss und schon renne ich durch den Regen zu einem Kiosk, unter dessen vorstehendem Dach ich Schutz finde. Während der langen Wartezeit beköstigt mich die Kioskfrau mit Bechern heißen Kaffees. Ihr Tip für die Abfahrzeit meines Busses stimmt.

Uralte Huzulenkirche

Bei einem „Schluck" kommt man sich näher

Huzulenpferde tragen eine rote Schleife

...nach getaner Arbeit...

Der Morgendunst löst sich auf

Rumänische Grenzstadt Sighetu mit Gedenkstätte für Staatsterror

Altes Hotel in Borsa

In Toplita

Wildlebende Pferde

Von den ukrainischen Waldkarpaten kommend, bin ich inzwischen in den rumänischen Ostkarpaten unterwegs. Die Landschaft, die Maramuresch, gilt als abgelegen und dünn bevölkert. Von Borsa, meiner Umsteigestation, kann ich nur den Eindruck einiger durch Regenschleier grau getrübter Hausreihen und Plätze mitnehmen. Im März 2000 war diese 30.000-Einwohnerstadt kurzfristig in die europäischen Schlagzeilen geraten, als nach einem Dammbruch aus dem Klärbecken des Goldbergwerks von Borsa 20.000 Tonnen schwermetallhaltigen Klärschlamms das umliegende Flusssystem vergifteten.

Über den Gebirgspass Tihuta hinweg und unter unerträglich lauter Radiobelästigung durch die Buslautsprecher muss ich 12 Kilometer vor meinem Ziel den Bus verlassen, denn er strebt einem anderen Ziel zu. Da stehe ich im Regen am Seitenstreifen der Nationalstraße und hoffe auf ein Weiterkommen, egal ob Bus oder Auto. Zwar spricht mein Stehplatz nicht für eine Haltestelle, aber den Gepflogenheiten entsprechend hält bald ein Bus und öffnet seine Tür für mich. Das Städtchen Vatra Dornei wurde vor dem Krieg und vor 1914 einmal „Die Perle der Bukowina" genannt. Hier herrschte ein reger Kurbetrieb, gespeist von Mineralquellen unterschiedlichster Heilkraft. Die Heilquellen werden noch immer genutzt, aber „der Perle" ist aller Glanz abhanden gekommen. Das Alte ist halb verfallen, steht leer, bröckelt. Die wilde Bistritza führt viel Wasser und strömt gluckernd zwischen den Stämmen der Uferbäume. Mein Hotel liegt wenige Minuten vom Busbahnhof entfernt, hat einen guten Standart und englisch sprechendes Personal.

Zur Statia Meteorologica

Auch in Toplita, am nächsten Tag, finde ich ein gutes Hotel. Ich habe die Besteigung des 2100 Meter hohen Ratitis im Nationalpark Muntii Caliman ins Auge gefasst, rechne mit einer Übernachtung unter freiem Himmel und entlaste den Rucksack von den Dingen, die ich nicht brauche. Toplita liegt auf 660 Meter Höhe, also gibt es 1500 Meter Höhendifferenz zu bewältigen. Den Wanderweg habe ich mit 35 Kilometer berechnet. Bei dichtem Morgennebel gehe ich los. Prompt verfehle ich die ausgekundschaftete Landstraße und habe wertvolle Zeit vergeudet, bis ich merke, dass die Richtung nicht stimmen kann. Das Laufen im Nebel stiehlt einem den Erfahrungssinn für Zeit und Raum. Die eineinhalb Stunden auf der Landstraße kommen mir vor wie drei Stunden.

Manchmal entlaste ich beim Marschieren das Rucksackgewicht, indem ich den Rucksack mit dem quer darunter geschobenen Wanderstock etwas anhebe. So auch jetzt. Plötzlich knallt es, gleichzeitig wird mir der Stock schmerzhaft aus den Händen gerissen, ich schleudere um eine Körperdrehung herum. Und wieder herrscht Ruhe. Das Auto muss trotz des Nebels gerast sein - so dicht an mir vorbei, dass es das herausragende Stockende erwischt hat. Danach auf und davon! Mein Stock liegt auf der anderen Straßenseite im Gras. Es wäre interessant, diesen Sekundenfilm in Zeitlupe anschauen zu können. Ich habe Grund, sehr dankbar zu sein...

Hinter der Brücke des Wildwassers Lomas verlasse ich die Straße. Wildwasser! Ist es als wildes Element Ende Juli, mitten im Hochsommer, in dieser Stärke normal? Weder in den Waldkarpaten noch in den Ostkarpaten ist mir bislang ein mäßiges Fließgewässer unter die Augen gekommen. „Aller Segen kommt von oben"? Das tägliche „Himmelswasser" macht's möglich. Wenige Holztransporter brummen, hoch mit Stämmen beladen, schaukelnd im Schritttempo vorüber. Hinter ihnen füllen sich die tiefen Fahrspuren sofort mit Wasser. Für die paar Pferdefuhrwerke ist der matschige Untergrund eine Tortur. Ihnen schenke ich meine Sympathie. Das Schnauben, der Hufklang, das leichte Quietschen der gummiberäderten Wagen, der vorbeiziehende Pferdeduft - für mich ist es ein Sinnenschmaus.

Hirten treiben mit lautem Geschrei ihre Kuhherden durch den Wald - sicher keine leichte Arbeit. Blaubeersucher tauchen phantomhaft auf, um sogleich wieder zu verschwinden. Der Weg wird schmaler und steiler. Ein Landrover kommt heruntergepoltert. Auf gleicher Augenhöhe mit mir streckt der Fahrer seinen Kopf heraus und ruft mir mit entsprechenden Gesten zu: „Bears!" Dort oben sind Bären! Wollte er sagen, dort existieren Bären, oder hat er gerade Bären gesehen? Meine Gedanken hatten die wilde Natur - den dichten Wald, die Felsbrocken und den über die Klippen rauschenden Bach - längst als „bärentauglich" eingestuft.

Etwa fünf Stunden bin ich seit der Straße unterwegs. Die Waldgrenze ist noch nicht überschritten, aber weite Grasflächen deuten auf frühere Rodungen hin, um Almen zu schaffen. Die grasgrünen Hügel lassen mich weit schauen. Das Bild wirkt nicht monoton, denn Gruppierungen hoher Tannen beleben die Landschaft. Noch belebender wirkt eine Pferdeherde. Große, starke Tiere in allen möglichen Farben, deren Instinkt den angrenzenden Wald als Zaun empfindet. Während das Gros nach kurzer Musterung des Störenfrieds weiter rupft, beäugen mich wenige sehr eingehend. Sie stehen in einer Körperhaltung da, als wollten sie mich warnen: Stopp, nicht weiter! Aber ich darf passieren.

Mein Weg ist nach vorn weit überschaubar. Zwei Menschenpunkte kommen mir entgegen. Schnell werden sie größer und entpuppen sich als ein Studentenpärchen aus München. Sie durchstreifen trampend und wandernd Südost-Europa. „Von wo kommt ihr heute?" - „Wir sind gestern von der anderen Seite aufgestiegen und haben oben in der meteorologischen Station übernachtet. Jetzt wollen wir nach Toplita, vielleicht nimmt uns ja ein Auto mit." Ich bin angetan von der Möglichkeit, oben in einem Bett schlafen zu können. Der Aufstieg ist nicht zu vergleichen mit der Hoverla vor sechs Tagen. Ich stoße auf Wegmarkierungen, überschreite ein Versorgungssträßchen der Wetterstation. Nun fließt doch noch der Schweiß. Oben liegt alles in Wolken gehüllt. Nur Sekunden lang lüftet sich der Schleier. Ich bin im dicksten Nebel. Richtig verlaufen kann ich mich nicht, solange ich bergauf gehe. Steinfelder häufen sich.

Ein Hund bellt! Gut so, dort muss die Station sein! Schon saust ein schwarzer Zottelhund heran und keift mich an. Die beiden Gebäude kommen in Sicht. Eine junge Frau ruft den Hund, macht mir gegenüber einen reservierten Eindruck. Erst als ich sie frage, ob ich hier übernachten könne, winkt sie mich herein. Wir betreten einen hallenartigen, hellen, hohen Raum. Alles ist aus Holz und im Holzton belassen. Der Ofen hat hier oben auch im Sommer Dienst und spendet behagliche Wärme. Kerzen beleuchtet ein Heiligenbild. Ich darf am kompakten Holztisch in der Mitte Platz nehmen. Der Chef kommt hinzu, ein großer, langhaariger Mann Anfang vierzig. Mehr Personal gibt es nicht. Wir unterhalten uns auf Englisch, während uns das Mädchen mit Tee bedient. Der Metereologe wohnt hier oben seit 15 Jahren. Alles, was ich sehe, hat er eigenhändig geschaffen.

Ich könne in der Kammer übernachten, meint er, es koste nichts. Das nehme ich gerne an. Wir reden nicht lange. Er hat zu tun und mich zieht es hinaus, denn der Nebelspuk hat sich verzogen. Schnell trocknet die Sonne Gras, Heide und Steine. Ich finde einen schönen Platz mit Fernsicht. Der frühe Abend beginnt holterdiepolter mit Blitz, Donner und Wolkenbruch. Welch ein Glück, dass ich ein festes Dach über dem Kopf habe! Regenböen peitschen gegen die Fenster, und das Trommeln der Tropfen ist Musik in meinen trockenen, warmen Ohren.

Besuch kommt. Zwei Männer in Grün treten ein, man kennt sich. Auch mich begrüßen sie mit Handschlag. Alex, mein „Wirt", stellt mich vor. Der eine wechselt über in ein gebrochenes Deutsch und erzählt, dass er im Bayerischen Nationalpark ein Praktikum abgelegt habe. Beide Männer arbeiten für den hiesigen Nationalpark und sind mit ihrem Auto gerade auf einer Kontrolltour unterwegs. Alex stellt eine bauchige Karaffe mit selbst gebranntem Obstschnaps auf den Tisch, eine Medizin, von der sich jeder von uns gern beleben lässt. Ich frage nach Bären. Ja, die gibt es hier, wie auch in anderen Teilen der rumänischen Karpaten. Es sollen so um die 5000 Tiere sein. In diesem Jahr gab es eine erfreulich hohe Geburtenrate. Ich solle keine Angst haben, sie sind scheu.

Nach der Verabschiedung schaltet Alex den Sender „Radio Trinity" ein, sehr laut, um bei seiner Arbeit draußen mithören zu können. Zu laut für mich! Statt himmlischer Ruhe liturgische Gesänge und monotones Salbadern. Ich verfluche mein Schicksal, denn an Schlafen ist nicht zu denken. Dem religiösen Singsang aus dem Lautsprecher setze ich, wenn auch aufgezwungen, ein von mir ausgesuchtes Musikprogramm meines kleinen Radios entgegen. Lieber höre ich meinen eigenen Krach als den der anderen! Das hat für mich einen psychologischen Effekt, denn die Beschallung ist jetzt doppelt stark. Dabei wünschte ich mir nichts sehnlicher als Stille.

Um 6 Uhr früh verlasse ich unter Zurücklassung eines schriftlichen Dankes und einiger Lei-Scheine leise das Haus. Wie schön ist die Welt um diese Zeit! Klar und deutlich, wie rein gewaschen vom letzten Regenguss, ist die Sicht. Blauer Himmel, weiches Morgensonnenlicht, das weite Panorama mit Tälern, die wie in weißer Watte verpackt aussehen. Mein erster Schluck ist frisches, kaltes Quellwasser. Ich gehe den gleichen Weg wie gestern. In der Waldzone begegnet mir ein Schäfer mit mehreren niedlichen, struppigen Hunden. Wir sprechen miteinander, lächelnd bestrebt, einen Sinn aus der anderen Sprache zu filtern.

Dazu Mimik und Gebärden. Er lebt den ganzen Sommer hier oben in einer Hütte, zieht umher, macht Käse aus der gemolkenen Milch, verdient damit aber nur wenig, denn die Schafe gehören ihm ja nicht. Er muss sehr arm sein. Ich biete ihm ein paar Zigaretten an, überlasse ihm von meiner Wegzehrung Wurst, Kekse und Studentenfutter. Besonders freut er sich über die drei einge-schweißten Fladenbrote. Dafür legt er mir seine Hand auf die Schulter.

Eine Stunde vor der Straße mache ich eine kurze Rast neben dem eingezäunten Gelände eines kleinen, alten Klosters. Es hat die klassische Lage: abseits vom nächsten Ort, von Bächen begrenzt, mit Gärten und Obstbäumen, mit Weiden, auf denen Kühe und Pferde grasen. Ringsum dunkler Wald. Viel los ist hier nicht, ich beobachte zwei langbärtige Mönche im Gemüsegarten. Mittags wird es heiß, ich kühle meine Füße im Bach. Um 15 Uhr bin ich zurück und labe mich auf der Terrasse am kühlen Getränk.

Alles Glück der Erde...

Den zwei Wandertagen von Toplita soll heute der Marsch nach Gheorgheni fol-gen. Auch wenn ich die Landstraße gewählt habe, freue ich mich darauf. Viel Verkehr kann auf dieser 40-Kilometer-Strecke nicht herrschen. Ist denn, ver-flixt noch mal, morgens hier immer Nebel? Um 6 Uhr herrscht „Waschküche", feucht und kühl. Heute passe ich gut auf, um nicht wieder einen Fehlstart zu haben. Es kommt nur die Richtung Süden in Frage. Nur wenige Autos kommen mir auf der linken Straßenseite entgegen. Zwei Stunden später bricht die Sonne durch. Was für eine Landschaft! Links von mir Felswände, rechts senkt sich das Land in das schmale Tal der Mures, deren Wasser, wie alles fließende Wasser hier, einmal im Schwarzen Meer ankommen wird. Es ist Bauernland mit Wie-sen, Feldern und Dörfern. „So kann es bleiben", denke ich. Von hinten schallen Huftritte.

Zwei stämmige „Braune" traben in synchronem Gleichklang an mir vorbei. Scheinbar mühelos ziehen sie den Wagen bergauf. Der Kutscher und sein Sohn schauen sich nach mir um und reden wohl über mich. Sie verlangsamen die Fahrt, als wollten sie mich einladen. Ich winke, und die Pferde bleiben stehen. Mit einer Geste und freundlichem Lächeln werde ich zum Mitfahren aufgefor-dert. Ruckzuck sitze ich oben auf einem Heuballen. Ich kann mein Glück kaum fassen! Es ist nicht das „Glück", nicht laufen zu müssen, ich bin ja noch tau-frisch. Nein, hier erfüllt sich ein Traum seit meinen Studententagen: noch ein-mal auf einem Pferdewagen zu sitzen. Damals arbeitete ich in den Semesterfe-rien bei einem Steinmetz, der hauptsächlich Grabsteine anfertigte. Mit einem oder gleich mehreren zog uns der dicke Kaltblüter zu den Friedhöfen, teils nahe gelegen, teils weit, durch ein Stück Berlin.

Ein Rolls Royce ist für mich nichts gegen diesen Pferdewagen! Im Trab geht es leicht bergauf. Die Köpfe beider Gäule nicken im Takt, hin und wieder hebt sich ein Schweif, um ein paar Pferdeäpfeln („Fallobst") den Weg frei zu machen. Kaum ein Auto stört meine Idylle. Mit dem Wörterbuch versuche ich, etwas mehr Kontakt zu Vater und Sohn aufzunehmen. Meine deutlich ausgesproche-

Hoch zur Meteorologischen Station

Nach acht Stunden bin ich oben

Am nächsten Morgen...

Landschaft beim Abstieg

Ein Schäfer, seine Herde...

... und seine Helfer

Waldkloster im Munti Caliman

Ich werde mitgenommen

nen Wörter finden kein Verständnis. Also zeige ich mit dem Finger auf ein Wort, so dass der Zwölfjährige es lesen kann. Er bemüht sich - Achselzucken. Er reicht das Wörterbuch dem Vater, und der macht mir klar, dass man hier zu 90 Prozent ungarisch spricht. Aha! Ich frage mich allerdings, ob man in Rumänien nicht überall in den Schulen Rumänisch lernen - geschweige denn verstehen - müsste. Eine Stunde lang habe ich das Vergnügen einer beschaulichen Sight-Seeing-Tour. Manchmal geht es flott, hin und wieder mühsam. An den Pferdemäulern zeigen sich Schaumflocken. Es wird gehalten, damit die Pferdchen ausruhen können. Wir sind nicht allein „zu Pferde", andere folgen, kommen entgegen, biegen ab. Man kennt sich, ruft sich Bemerkungen zu. Aber unsere Wege trennen sich, ich muss „ade" sagen, bedanke mich mit Handschlag und bei den Vierbeinern mit einem Klatscher auf den Hintern.

Beschwingt strebe ich nun wieder auf eigenen Füßen gen Süden. Weites Hügelland beherrscht mittlerweile die Landschaft. Überall sind Menschen beim Grasmähen, Heuwenden und Heueinfahren. Kein Traktor knattert, dafür ist die natürliche Pferdestärke vorherrschend. Der Marsch auf der schattenlosen Chaussee könnte bei der gleißenden und heißen Sommersonne zum Leidensweg werden, wenn mir nicht ein mäßiger Südwind ums Gesicht fächeln würde. So wie jetzt ist es ideal. In den kleinen Straßendörfern überwiegt die Holzbauweise. Es könnte das Holz von Wäldern sein, die einst hier standen. Dem kommunistischen Nachkriegsstaat ist der massive Raubbau am Wald zuzutrauen. Neben vielen Häusern dient der traditionelle ungarische Ziehbrunnen mit der langen Hebelstange noch immer der Wasserversorgung.

Auf die winzigen, weit entfernten weißen Kirchtürme von Ditrau (ungarisch: Gyergioditro) bin ich seit Stunden zugelaufen. Jetzt gehe ich kleiner Mensch an dem stattlichen Bau vorbei. Mein kunsthistorisches Interesse hat sich dem Appetit auf Kaffee und Kuchen gebeugt. Gestärkt mache ich dann bis Gheorgeni, meinem Ziel, die 40 Kilometer - von denen ich ja 10 Kilometer fahren durfte - komplett.

Ausklang

Gheorgheni und die letzte Tour

Gheorgheni (Gyergioszentmiklos/Niklasmarkt) lag schon immer an der Kreuzung wichtiger Handelsstraßen, etwa der heutigen Nationalstraße 12. Eine Bahn verbindet sie mit Brasow (Kronstadt). Gheorgheni hat 19.000 Einwohner, wovon 17.500 zur ungarischen, 2200 zur rumänischen und 300 zur Roma-Volksgruppe zählen. Hier befinde ich mich in 800 Meter Höhe. Eine Stunde nach meiner Einquartierung in einem sauberen, kleinen Hotel schlendere ich in Feierabendlaune zum Zentrum des Städtchens. Die noch gut erhaltenen Fassaden, die Bauweise und der Zierat an den Häusern, die Toreinfahrten, die gotische Kirche, Klosterkirche, Synagoge und das Rathaus erzählen mir etwas über die bewegte Geschichte der Stadt.

In einem alten, Wohlhabenheit und Gediegenheit ausstrahlenden, langgestreckten Flachbau mit riesigen Fenstern spielt eine Kapelle temperamentvolle ungarische Volksmusik, während man sich auf dem Hof um ein strahlendes Brautpaar gruppiert. Auch die Glocken der Kirche, einige hundert Meter weiter, rufen eine Hochzeitsgesellschaft hinein zum feierlichen Bund fürs Leben. Ob heute noch mehr Paare getraut werden? Denn auf meinem weiteren Weg - es ist gegen 17 Uhr - treffe ich in den ruhigen Straßen überwiegend auf Passanten, die sich fein gemacht haben und mit Blümchen in der Hand ein Ziel ansteuern. Die ganze Stadt im Hochzeitsstaat... Meine Neugier lockt mich zum Miterleben der Hochzeitszeremonie, aber das Schild „CAFÉ" zieht doch stärker als das einsetzende Orgelspiel in der Kirche. Das Cafe ist erstklassig und verwöhnt mich „mit dem besten Kaffee seit langem" (Tagebuch) und einem großen Stück „Donauwelle".

Am folgenden Tag, einem Sonntag, verlasse ich früh um sechs mein Hotelzimmer, schöner kann der Himmel nicht aussehen. Keine Gipfelbesteigung steht an. Wasser und etwas Proviant trage ich im Leinentäschchen über der Schulter. Ohne Gewicht läuft es sich komisch. Ich bilde mir ein, meine Gangart habe etwas ungewollt Lässiges. Nach einer Stunde auf der Landstraße Richtung Lacu Rosu (Roter See), einem beliebten Ausflugsziel, vertraue ich mich einem schmalen Fahrweg an, der geradewegs in die bewaldeten Berge abzweigt. Fast schon stereotyp erscheint mir die Beschreibung meines Weges: rechts und links Fichten und Tannen, parallel der rauschende Bach, traversenartiges Ansteigen des Weges, schöne Ausblicke. Was will man auch mehr? Plötzlich bricht vor mir aus „dem dichten Tann" eine Gruppe Roma-Frauen mit zwei männlichen Begleitern hervor. Sie haben mich nicht gesehen und gehen laut schwatzend vor mir her. Die Frauen und Mädchen tragen „klassisch"-lange, bunte Röcke, Schürzen, Kopftücher. Sie haben Rucksäcke und Plastikeimer dabei. Mein Tempo ist schneller. Gleich bin ich mitten unter ihnen. Das unterbricht den Redeschwall. Einige lachen und machen wohl Bemerkungen über mich. Schon strecken sich braune Hände aus, dazu Worte, die ich nicht verstehe.

Heute ist Sonntag, die Sonne scheint, ich bin gut aufgelegt. So frage ich: „Zigaretten?" - „Zigaretten!" heißt das Echo. Ich habe ein volles Päckchen dabei, hauptsächlich gedacht für solche Gelegenheiten. Wie eine bunte Hühnerschar wuseln sie um mich herum. Es reicht soweit, dass jede von ihnen drei Zigaretten bekommt. Fröhliche Gesichter. Aber wäre es nicht zu schön, wenn der fremde Mann auch noch ein paar Münzen locker hätte? „Dati mi!" (Geben Sie mir!) Energisches Kopfschütteln. Die Anführerin der Gruppe schnauzt die Mädels kurz an, das hilft. Sie bedankt sich sogar höflich in ihrer Sprache. Ich sage: „La revedere (auf Wiedersehen)" und lasse die Schar hinter mir. Später, als ich vom Pass Ausschau halte, sehe ich bunte Tüpfelchen tief unter mir einen Wiesenhang in einer Reihe abschreiten. Dabei bückt sich mal die eine, mal die andere, um etwas aufzuheben - ich habe keine Ahnung, was.

Über den Kamm hinweg, vorbei an einer kleinen, verschlossenen, hölzernen Kapelle, laufe ich talwärts. Fichten, Tannen, der breite Bach und kleine, blü-

hende Wiesen in seinen Schleifen. „Das ist dein Abschied von den Bergen,"
geht es mir durch den Kopf, „in drei Tagen bist du in Berlin." Wie so oft am
Ende einer großen Reise erfasst mich Wehmut. Ich lasse mich nieder, lege mich
ins Gras, die Arme unterm Kopf verschränkt. Viel zu selten habe ich das gemacht... Nichts denken, nur liegen, sich der Stimmung hingeben, im Zwiege-
spräch mit der Natur. Ist es nicht merkwürdig, dass diese Fußwanderung mich
der Lyrik des frühen 19. Jahrhunderts so nahe bringt? Auf meinen großen
Radreisen waren Gedanken und Gefühle anders, stand mir die Poesie nicht so
nahe.

> Ich ruhe still im hohen, grünen Gras
> und sende lange meinen Blick nach oben,
> von Grillen rings umschwirrt ohn' Unterlass,
> von Himmelsbläue wundersam umwoben.
> Die schönen weißen Wolken ziehn dahin
> durchs tiefe Blau, wie schöne stille Träume;
> mir ist, als ob ich längst gestorben bin
> und ziehe selig mit durch ew'ge Räume.

Herrmann Allmers (1821-1902)

Es wird heiß, die Sonne sticht. Ich schließe aus dem Wolkenbild, dass sich ein
Gewitter aufbaut. Fünf Stunden bin ich unterwegs. Besser, ich mache kehrt!
Unten haben sich hie und da Picknickgruppen und Familien neben dem Bach
niedergelassen. Bei einigen knistert ein Feuer neben der reichhaltigen Tafel,
dazu trinkt man Kaffee oder Wein. Das Auto, auch Pferd und Wagen, stehen
am Weg. Doch das Sonntagsvergnügen hat schnell ein Ende, diesmal schlägt
ein Vormittagsgewitter mit gewohnter Heftigkeit zu. Bis zur Stadt hat die Sonne mein nasses Zeug schon wieder getrocknet.

Ein bisschen „Dracula"

Der Bahnhof von Gheorgheni liegt ein Stück weit weg von meinem Hotel. Dorthin zu laufen, um nach Zugzeiten zu fragen, war mir gestern nach der Wanderung zu viel. Im Hotel riet man mir, rechtzeitig am Bahnhof zu sein, weil der
Zug nach Brasow sicherlich früh eintreffen werde. Um sechs Uhr bin ich schon
unterwegs. Wo liegt wohl der Bahnhof ? Ich gehe in die wahrscheinliche Richtung, da kreuzt ein Taxi meinen Weg. Kurz entschlossen lasse ich mich mitnehmen. Der Fahrer sagt, in zehn Minuten komme der Zug nach Brasow. So ist es
auch. Kaum habe ich die Fahrkarte, kann ich schon einsteigen. Es ist genügend
Platz, ich finde einen bequemen Fenstersitz. Draußen ist die Welt im Nebel ver-
sunken. Im Speisewagen bin ich allein. Ich bestelle zwei Spiegeleier, Kaffee und
Brot. Ein schlanker, junger, adrett aussehender Mann kommt herein. Er
schwankt ein wenig, schaut unruhig hin und her und setzt sich zu mir. Er
spricht mich gleich auf Englisch an, ein lallendes Englisch. Er kommt aus Bu-
dapest. Seine Mutter ist dort unlängst bei einem Autounfall tödlich verun-
glückt. Der arme Mensch bricht in Tränen aus. Er hat seit Tagen nicht geschlafen, nicht gegessen, ernährt sich von Zigaretten und Alkohol. Ich versuche, ihn
zu trösten. Die Serviererin bringt mir anstatt zweier Spiegeleier vier. Sie hatte

sich verhört. So lasse ich sie einen Teller und Besteck holen und teile das Frühstück mit meinem Gegenüber. Er bringt sogar ein paar Bissen hinunter, ehe er wieder davonwankt.

Um 10 Uhr stehe ich in der Bahnhofshalle von Brasow und suche für morgen die Abfahrzeiten nach Bukarest. Plötzlich spricht mich ein seriös aussehender Mitfünfziger in gutem Englisch an. Er bietet mir für 20 Euro eine Übernachtung, plus Hin- und Rückfahrt mit seinem Auto. Für 15 Euro würde er mich zum 30 Kilometer entfernten Schloss Bran des berühmt-berüchtigten Grafen Dracula bringen, einschließlich Rückfahrt. Dabei könnte ich über seine Zeit verfügen .Das klingt gut. Ich nehme sein Angebot an. Vom Bahnhof ist es nicht weit ins Stadtzentrum, wo sich in einer Nebenstraße mein Domizil für eine Nacht befindet. Es ist ein Haus aus dem 19. Jahrhundert. Uns öffnet ein altes, freundliches Ehepaar. Man zeigt mir das große, mit altem Mobiliar ausgestattete Zimmer, wo ich meinen Rucksack abstellen kann. Mit dem Ausflug zum Schloss Bran möchte ich gleich loslegen, und wir machen uns auf die Socken.

Erst dieser kurze Aufenthalt in Brasov/Kronstadt weckt ein wenig mein Interesse für das so genannte Dracula-Schloss Bran. Nur einmal hatten Vampir-Geschichten und Dracula-Stories meine Neugier geweckt. Das hing mit einer Nach-Wendezeit-Geschichte zusammen, die sich in Schenkendorf, südlich von Berlin, abspielte: 1993 war ein Nachfahre des legendären Fürsten Vlad III. Draculea, Ottomar Rudolph Vlad Dracoul Prinz Kretzuleses, auf das Anwesen Schloss Schenkendorf aufmerksam geworden. Von der Gemeinde wurde es zum Kauf angeboten (obwohl es nach der „Wende" einer jüdischen Erbengemeinschaft zugesprochen worden war). Prinz Ottomar hatte den bürgerlichen Namen Ottomar Berbig, bevor ihn das rumänische Adelsgeschlecht adoptierte.

Zu DDR-Zeiten hatte man hier Grenz-Wachhunde scharf gemacht. Der „Prinz", ein Berliner Antiquitätenhändler, stellte der Gemeinde im Fall eines Kaufs von Schloss Schenkendorf einen Erlebnis-Kulturpark „Draculas Reich" in Aussicht. Im Schloss waren ein Museum, ein Konzertsaal, Gaststätte und einige Hotelzimmer geplant. Ich fuhr mit dem Fahrrad dorthin, sah mir das verkommen wirkende Anwesen an, las darüber in der Zeitung, verlor dann aber mein Interesse an Draculas Reich.

Mehrmals lasse ich meinen Fahrer und Quartiergeber unterwegs halten, um die alten, solide aus Stein gebauten Bauernhäuser ehemaliger Siebenbürger Sachsen anzuschauen. Die Inschriften an den Häusern verraten mir die Namen der früheren Besitzer. In Siebenbürgen lebten bis zum Zweiten Weltkrieg viele ehemals eingewanderte Deutsche. Teilweise bildeten sie neben den Rumänen und Ungarn ein Drittel der Bevölkerung. Ab den 70er Jahren nahm die Anzahl der Auswanderungen nach Westdeutschland rapide zu, so dass heute nur noch wenige Siebenbürger Sachsen hier leben.

Das Städtchen Bran, über dem auf einem Berg die Burg thront, ist ein Touristenmagnet, die Atmosphäre erinnert mich an das Münchener Oktoberfest. Ich muss mich in eine lange Schlange einreihen, die langsam zu den Kassen vorrückt. So bleibt mir Zeit, das riesige Angebot an Souvenirs zu betrachten, das

Ziehbrunnen

Störche

30 Kilometer Landstraße

Das alte Gheorgheni

Im Zentrum

Erholung

Wehrhafter Klosterbau

Zigeunergruppe

Abschied von den Karpaten

rechts und links auf Ständen ausgebreitet liegt. Gläser, Tassen, Teller, T-Shirts, Tücher, Schnitzereien, Wandbehänge - alle mit dem Motiv der Burg oder dem Porträt des Grafen Vlad III. Draculea. Man kann auch Vampirgestalten kaufen oder mit Blut(rotem Wein) gefüllte Weinflaschen. Auf einem Parkweg schreite ich bergauf zur Burg. Erwiesenermaßen hat der blutrünstige Graf (1431-1476) dieses Schloss nie betreten.

Doch was hat es auf sich, mit dem Schloss und Dracula? Zu allen Zeiten und überall auf der Welt gab es Sagen und Schauermärchen, in denen „untote", blutsaugende Wesen ihr Unwesen treiben. Im 19. Jahrhundert frönten Literaten - wie zum Trotz entgegen dem Zeitalter der Aufklärung - der „schwarzen Romantik". Mystik und Phantastik gewannen künstlerische Bedeutung in der Literatur. Das „Vampir-Thema" steht, wie ich gelesen habe, für die Angst, vor dem Tode lebendig begraben zu werden, aber auch für verdrängte Sexualität und Erotik. 1816 erschien in England die erste Vampirerzählung der Weltliteratur, *The Vampyre*, von John Polidori. Er schuf den Typ des modernen Vampirs mit aristokratischen und vornehmen Zügen. Dem folgten weitere literarische Erzeugnisse, sogar Bühnenstücke und Opern. Auslöser für den modernen Vampir-Kult wurde der Roman *Dracula* des irischen Schriftstellers Bram Stoke (1847-1912). 1890 hatte Stoke den ungarischen Professor Arminius Vamberg getroffen. Der erzählte ihm vom rumänischen Fürsten Vlad III. Draculea. Stoke hatte damit seine Story gefunden. Sieben Jahre brauchte er, aus der legendenhaften und zugleich historischen Person die Figur des Vampirs zu entwickeln.

Und Schloss Bran? Nur weil die in dem Roman beschriebene Burg des Dracula täuschend dem von Stoke einst aufgesuchten Schloss Bran ähnelt, pilgern Tag für Tag Tausende blutdürstiger, schlecht informierter Touristen (wie ich auch!) aus der ganzen Welt hierher. Die Burg hat übrigens drei Belagerungen überstanden, wurde 1920 vom rumänischen Staat in Besitz genommen und 2006 an die Habsburger Alteigentümer zurückgegeben. Die freuen sich über den Geldsegen! Beim Drängeln durch Räume und Treppenhäuser kann ich keinen einzigen Hinweis auf den historischen Dracula entdecken. Dafür viele Fotos und Filmaufnahmen von der österreichischen Kaiserfamilie, die sich hin und wieder hier aufgehalten hatte. Das Schloss dient ganz seriös als Museum.

Bin ich enttäuscht? Ja, denn ich wäre vorher zu jeder Bluttat bereit gewesen! Das ist mir jetzt vergangen.

Hinzuzufügen ist, dass Vlad III. wegen der Vorliebe für die von ihm besonders an türkischen Kriegsgefangenen massenhaft statuierte Hinrichtungsart der Pfählung mit dem Beinamen „Tepes" („der Pfähler") versehen wird. Lag es daran, dass er sich als junger Mann in türkischer Geiselhaft befunden hatte, wo er öfter ausgepeitscht worden war? Vlad III. fiel mit seiner Leibgarde den Türken in die Hände, alle wurden von den Türken gepfählt, Vlad aber enthauptet. Sein Kopf wurde in Honig eingelegt und dem Sultan nach Konstantinopel übersandt. „Draculae" - lat. draco = Drachen - leitet sich von der Mitgliedschaft seines Vaters Vlad II. im Nürnberger Drachenorden ab.

Brasov - Kronstadt

Zurück in Brasov, verabrede ich mit meinem Fahrer für morgen den Abholtermin, denn ich will mit der Bahn nach Bukarest weiterreisen. Da ich die späten, sonnigwarmen Nachmittagsstunden zum Umherstreifen in der Stadt nutzen möchte, lasse ich mich im Zentrum absetzen. Brasov hat die letzten großen Kriege heil überstanden und gibt ein Spiegelbild der vergangenen Jahrhunderte. Handel, Wandel und Kultur sind hier gut vertreten. In der Altstadt ist alles in Schuss. Ein Haus fügt sich an das andere. Nichts wirkt gleichförmig, es gibt keinen bestimmten Haustypus. Es macht Spaß, dieses Bilderbuch einer vergangenen Welt aufzublättern. Tafeln weisen auf Persönlichkeiten hin, die hier gewirkt haben, zumeist mit deutschen Namen. Des Schlagersängers Peter Maffay oder der Ex-Tennistrainer von Boris Becker, Günter Bosch und Ion Tiriac, wird allerdings nicht gedacht.

Mehrere Sakralbauten spiegeln die frühere religiöse Vielfalt wider, setzen optische Akzente. Um sie herum sind die besonders prächtigen spätmittelalterlichen Bürgerhäuser versammelt. Mittelpunkt der Stadt ist der weiträumige Rathausplatz mit dem mächtigen Rathausturm. Eine Fußgängerzone ist auf weiter Strecke mit überdachter Straßengastronomie besetzt. Der Strom der flanierenden Menschen reißt hier nicht ab. Die vielen jungen Leute erinnern an die beiden Universitäten von Brasov. Das Opernensemble soll Landesspitze sein, das Schauspielhaus und die Philharmonie erkenne ich an ihren ausgestellten Spielplänen.

Gerade stellt sich am Rathaus die „Wache" zum Rundgang auf - eine Garde in historischer Tracht, mit Hellebarden und Degen. Hier und jetzt kann ich mir schwer vorstellen, was ich noch zu Hause im Fernsehbericht eines bekannten deutschen Tierfilmers gesehen hatte: Darin zeigte er die nächtlichen Besuche von Bären, die sich bis in die Randbezirke von Brasov vorwagen, um Mülltonnen und Abfallsäcke zu plündern. Ich erfuhr, dass sich der WWF um den Schutz der Karpatenbären und auch der Karpatenwölfe kümmert. Nebenbei bemerkt: Es ist belegt, dass nicht etwa ein absolutistischer Fürst, sondern der Führer der rumänischen kommunistischen Partei, Ceaucescu, bei einer Jagd an einem Tag acht Braunbären abgemetzelt hat. Erinnert das nicht an die Schießleidenschaft unseres Genossen Erich Honecker?

Es ist spät geworden, die Straßenlaternen leuchten, ich muss „heim". Doch halt - wo wohne ich eigentlich? Heute morgen ging alles so schnell, war für mich so verwirrend, dass ich mir nicht einmal Adresse und Namen notiert hatte. Der Name der Straße? Die Hausnummer? Wie heißen die Leute? Nichts weiß ich! Nur gut, dass ich wenigstens einen Schlüssel habe. Ein wenig erinnere ich mich an die Gegend, aber jetzt ist es dunkel! So taste ich mich mit den vagen Erinnerungen an Häuser, Geschäfte, Ecken und Straßenverläufe mühselig und unter Selbstvorwürfen an „mein Haus" heran. Ja, die Fassade hatte ein ganz verblichenes Grün, ja, gegenüber war Platz für mehrere parkende Autos! Der Schlüssel passt! Vier Etagen mit jeweils drei Wohnungen. Welche Wohnungstür könnte es sein? „Ausschlussverfahren" und Klangsilben der Namen lassen es mich an einer Tür probieren. Vorsichtig, wie ein Einbrecher, schiebe ich den Schlüssel ins Schloss. Er passt! Ehe ich ihn herumdrehe, wird von innen geöffnet. Zwei alte, mir irgendwie bekannte Gesichter lächeln mir zu. Was bin ich froh! Es folgt ein nettes Gespräch mit den beiden, die sich noch ein wenig ihrer Deutschkenntnisse bedienen können.

Bukarest

Pünktlich zur verabredeten Zeit, ich warte vor dem Haus, hält das Auto meines „Betreuers" und bringt mich zum Bahnhof. Das Zuckeltempo des um 30 Minuten verspäteten Zuges erlaubt mir ein beschauliches Betrachten der vorbeiziehenden Landschaften. Zuerst sind es die hohen, zerklüfteten Südkarpaten, später die weiten Ebenen mit Erdölfördertürmen rund um die Stadt Ploesti. An den Haltepunkten kriege ich einiges von der feuchtheißen Hitze draußen mit und bin froh, dort nicht laufen zu müssen.

Vier Stunden sind wir unterwegs. Ein jüngerer Mann mit Schnurrbart, der mir in einer Gruppe Mitreisender als Wortführer auffiel, begibt sich, nachdem seine Bekannten ausgestiegen sind, zu mir und setzt sich. Er hält mich für einen Deutschen und spricht ein gutes Englisch. Er ist Zigeuner, hat in einem Bukarester Bezirk ein politisches Mandat und setzt sich besonders für seine Volksgruppe ein. Er interessiert sich für die Einstellung der Deutschen zu den Roma. Wir sprechen über den Völkermord der Nazis an 500.000 Zigeunern. Immer wieder in solchen Gesprächen empfinde ich Scham über die begangenen Verbrechen. Andererseits bin ich stolz und dankbar dafür, dass Deutschland sich inzwischen weltweit den Ruf eines demokratischen Musterknaben erworben hat. Mein Gesprächspartner spricht über die Diskriminierungen der Roma in den südosteuropäischen Ländern und hofft nun auf den nachhaltig positiven Einfluss der EU. Bukarest- Hauptbahnhof. Wir reichen uns die Hand, „auf Wiedersehen"!

Heute in Bukarest, morgen in Berlin! Neugier und Forscherdrang mobilisieren in mir noch einmal Kraft und Aufnahmebereitschaft, während sich zugleich eine Abschiedsstimmung breit macht. Meinem Tagebuch entnehme ich am Abend dieses Resümee:

> Das Nomadenleben ist nur schön im Wald, nicht aber in Städten und auf Straßen. Als Geher bin ich im Gegensatz zum Radler zu abhängig, zu verletzlich, als „Sprachloser" zu sehr allen (oft harmlosen) Zumutungen ausgesetzt, wie z.B. beim Hotelservice, bei der Gestaltung der Abendstunden, bei Fernseh- oder Radiolärm, bei undurchschaubaren Regeln des Busreiseverkehrs. Die Freiheit meiner Entscheidungen (die immer auch einem äußeren Zwang unterliegen können) ist nicht gleichbedeutend mit dem schönen Gefühl, frei zu sein. Frei von menschlicher Fremdbestimmung waren mein Bruder Eberhard und ich vor 30 Jahren bei unserem Wander- und Kanuabenteuer in Nordwestkanada und Alaska, wenn auch die Natur uns vor manche lebensgefährliche Situation gestellt hatte.

In der Haupthalle des Bahnhofs Bukarest angelt mich ein junger Mann, der mir für 15 Euro eine gute Unterkunft in der „Villa Maria" anbietet, nicht weit von hier. Vielleicht wiederholen sich ja meine guten Erfahrungen von Kronstadt? Ich sage „Da". Das Grundstück, auf dem die alte Villa sich befindet, ist verwahrlost, das Haus befindet sich noch im Stadium der Restaurierung, wie mir ein Baugerüst und der unfertige Außenanstrich verraten. Drinnen werde ich von den neugierigen Blicken einer Großfamilie empfangen. Alle folgen dem jungen Mann und mir durch hohe, kahle Räume bis zu dem mir zugedachten Zimmer.

Oje! Ich sehe vier frisch gestrichene Wände, ein Bett, einen Tisch, zwei Stühle und Kleiderhaken. Von außen dringt nur wenig Tageslicht ein. Es riecht nach feuchtem Putz und Farbe. Nur Sekunden braucht es bis zu meinem entschiedenen „Nu!". Ein zweiter Versuch mit einer Unterkunft für mindestens zehn Personen kann mich erst recht nicht umstimmen. Groß ist die Enttäuschung meiner Begleiterschar. Möglicherweise galt mir der erste Versuch, mit dem Geschäft zu beginnen? Dass sie meine Einfalt überschätzt hatten, wird ihnen hoffentlich eine Lehre sein!

Was nun? Ich habe keinen Stadtplan und weiß nicht, wo ich mich befinde, wohin ich mich bewegen müsste. So frage ich erst einmal: „Buna ziua, unde este Zentrum - Guten Tag, wo ist das Zentrum?" Es muss in der Nähe sein, eigentlich gehört diese Gegend fast dazu. Nach einigen hundert Metern ist mein Hotelproblem gelöst, allerdings sähe ein „würdiger" Abschluss meiner Reise anders aus. Im Zimmer riecht es nach Zigarette, es ist schlicht eingerichtet. Abends, als ich von meinem Stadtspaziergang zurückkam, tummelten sich im kleinen Foyer und an der Theke grell geschminkte Mädchen mit kaum verhüllten Rundungen. War ich in ein besseres „Stundenhotel" geraten? Wenn auch - meine Nacht blieb ungestört.

Mir bleibt ein halber Tag zum Kennenlernen der rumänischen Hauptstadt. Dass das nur oberflächlich sein kann, ist klar. Ich will mich nicht unter „Erfolgsdruck" setzen, will die Stunden locker angehen. Den morgigen Flug Bukarest-Wien-Berlin hatte ich schon in Kronstadt gebucht, muss mich also um nichts mehr kümmern. Es ist feuchtheiß. Das *Rote Kreuz* hat an bestimmten Stellen Zelte aufgebaut, wo den Durstigen ein Becher Wasser gereicht wird. Ich stoße auf den Fluss Dambovita, der die Stadtmitte durchfließt. Um diese Achse herum kann ich das Stadtzentrum durchstöbern, ohne mich zu verirren.

Die Calea Victoria ist eine Prachtstraße, breit, mit pulsierendem Großstadtverkehr und allen Baustilen der „alten Zeit". Im „Paris des Ostens" wurde zu Beginn des 20. Jahrhunderts nach dem Vorbild des *Fin de Siecle* gebaut. Die Innenstadt von Bucuresti heißt Lipscani. In welche Straße ich auch abbiege, mich überwältigt fast das baulichen „Durcheinander", in dem das Haus als Individuum seine Einzigartigkeit zu verlieren scheint, obwohl damals die Bauherren viel mehr Freiheit hatten als heute. Mit zunehmendem Kennenlernen des alten Viertels drängt sich der Begriff „morbid" in meinen Kopf, so wie es mir auch bei den massigen, schwarzen, gedrechselten Möbeln des ausgehenden 19. Jahrhunderts geht. Die Mehrzahl der Menschen mag das Alte. Vielleicht nur, weil die Kriegszerstörungen die alte Substanz an Gebäuden so sehr dezimiert haben

Dracula-Burg Bran

Graf Dracula

Gruselreklame in Bran

Alter Siebenbürger Hof

Hier lebten viele Siebenbürger Deutsche

Zentrum von Brasov (Kronstadt)

Wachablösung

Bukarest: Die Prachtstraße Calea Victoria

Bukarest: der Palast des kommunistischen Diktators

und an deren Stelle vielfach triste Neubauviertel den Wohnungsbedarf decken mussten? Zwiespältig wirkt die Stadt auf mich. Das Anliegen der „Bauhausarchitektur" der 20er Jahre - klare Linien, Zweckmäßigkeit, weg von Säulen und Stuck - findet nach dem heutigen Stadtbummel im Bukarest meine Sympathie.

Eine Stunde später frage ich mich: Ist das wirklich der richtige Ort, „das Alte" kritisch zu hinterfragen? Ich stehe bei brennendem Sonnenlicht auf einer gelben, verdorrten, unendlichen Rasenfläche, die in ihrer Mitte mit einem Superlativ an Ödnis und Hässlichkeit abschließt: dem „Palatul Populi", im Volksmund „Haus des Sieges über das Volk" genannt. Laut Reiseführer ist auf Erden nur das „Pentagon" der amerikanischen Weltmacht größer als dieser zu Stein gewordene Größenwahn des kommunistischen Diktators Nicolae Ceausescu. In den 80er Jahren haben, nachdem ein Fünftel der Altstadt abgerissen und platt gewalzt worden war, 700 Architekten und 20.000 Arbeiter fünf Jahre lang rund um die Uhr daran gearbeitet. 3,5 Milliarden US-Dollar saugte das Regime für dieses Projekt aus dem rumänischen Volk. Meine Gedanken gleiten vergleichend zu den Schlössern der von den Kommunisten so verteufelten absoluten Herrscher des 18./19. Jahrhunderts. Wie sehr sprechen uns heute die repräsentativen Bauten der damaligen Oberschicht an! Welches handwerkliche Können zeigt sich dem Betrachter! Wie gut tut es der Seele, wenn ihr ästhetischer Reiz durch die Einbindung in meisterhaft gestaltete Parklandschaften noch erhöht wird! Es ist schon fast zu billig, hier Vergleiche anzustellen.

Eine Neubau-Allee gehört zum Ensemble. Die Bäume von damals sind herangewachsen, werfen angenehme Schatten. Die angrenzenden Hausfronten haben einst mit ihren vielen Läden die Allee zu einer Geschäftsstraße gemacht. Heute stehen die meisten Läden leer. Keinen zieht es hierher, man bleibt im alten Viertel. Dort frage ich in einem Buchladen nach einem deutschsprachigen Werk von Herta Müller, der deutsch-rumänischen Literaturnobelpreisträgerin von 2009. Ihr Werk beschäftigt sich mit dem Leben im kommunistischen Rumänien. Leider kann man meinen Wunsch nicht erfüllen. „Haben Sie irgendeine deutschsprachige Prosa?" - „Vielleicht in unserem kleinen Antiquariat." Unter den vielen zerlesenen Schwarten finde ich endlich doch noch etwas Lesenswertes: *Billie Holiday*, eine Autobiographie der berühmten schwarzen amerikanischen Jazzsängerin. Das ist für mich wie ein Fest! Ich kann lesen! Auf einer Parkbank am Fluss, in einem Café an der Calea Victoria, im Hotelzimmer und hoch über den Wolken zwischen Wien und Berlin.

Stundenlang stecken meine braven Füße nun schon, wenn auch untätig, eingezwängt im Lederwerk der hohen, festen Schuhe. Wenigstens etwas Spielraum haben sie verdient, und ich lockere die Verschnürung. Unter uns bleiben die Alpen langsam zurück. Bergwandern in den Alpen? Wär' das nichts? Komm Reinhard, dein nächster Sommer wartet schon darauf! Und die Schuhe, die schaffen das allemal...! Mein guter Freund Johann Gottfried Seume denkt ganz ähnlich am Schluss seines *Spaziergangs* von 1802. In acht Monaten war er 800 deutsche Meilen gelaufen:

Zum Lobe meines Schuhmachers, des mannhaften alten Heerdegen in Leipzig, muss ich dir noch sagen, dass ich in den nämlichen Stiefeln ausgegangen und zurückgekommen bin, ohne neue Schuhe ansetzen zu lassen, und dass diese noch das Ansehen haben, in baulichem Wesen noch eine solche Wanderung mitzumachen.

Vor der Landung lege ich das Taschenbuch zur Seite, hole mein Tagebuch aus der Tasche und ziehe Bilanz: Ich war 52 Tage unterwegs und bin 1014 Kilometer gelaufen.

und doch hat der Ferne Osten die einst in der ganzen Welt gültige Vorstellung beibehalten, dass Wandern die ursprünglichste Harmonie wiederherstelle, die einst zwischen Mensch und Universum bestanden hat [aus Bruce Chatwin: *Traumpfade*].

Andere Rosenke-Bücher

(in allen Buchhandlungen und als E-Books erhältlich)

Eberhard & Reinhard Rosenke: Wildniswandern in Kanada und Alaska.
Zu Fuß und im Kanu.
Karte, 172 S., davon 30 farbig, Berlin/München 2002.

Eberhard & Reinhard Rosenke: Australisches Radabenteuer
Über Queenslands Rüttelpisten bis zur Nordspitze.
Karte, 204 S., davon 26 farbig, Berlin/München 2002.

Eberhard Rosenke: Ein Rucksackdeutscher tippelt von München nach Berlin
Karte, 218 S., zahlreiche Abbildungen (sw), München 2002.

Reinhard Rosenke: Rund um die Ostsee. 10.000 Kilometer auf dem Fahrrad
Karte, 220 S., davon 57 farbig, Berlin/München 2007.

Reinhard Rosenke: Berlin – Wolgograd. Eine Radreise
Karte, 128 S., davon 43 farbig, Berlin/München 2009.

Reinhard Rosenke: Berlin – Königsberg. Mit dem Rad nach Russisch-Ostpreussen
Karte, 188 S., davon 47 farbig, Berlin/München 2010.

Reinhard Rosenke: Mit dem Fahrrad im Südmeer. Neuseeland Tasmanien Samoa
Karte, 196 S., davon 52 farbig, Berlin/München 2013.

Reinhard Rosenke: Lockruf Feuerland. Mit dem Fahrrad ans Ende der Welt.
Karte, 164 S., davon 60 farbig, Berlin/München 2016.

Rosenke & Co.: Unterwegs.
Zu Fuß, zu Rad, zu Schiff.
Karte, 284 S., davon 13 farbig, München 2015.

Eberhard Rosenke: Aquarelle von unterwegs. 124 S., davon 119 farbig, München 2015.

Eberhard Rosenke: Philosophische Streitgespräche.
Über naturwissenschaftliche Ungereimtheiten, philosophische Denkfallen und die Folgen
268 S., München 2017

Reinhard Rosenke: Zu Fuß durch Polen. Von Berlin bis Litauen.
Karte, 100 S., davon 42 farbig, München 2019